LOUIS CHALMETON

OFFICIER D'ACADÉMIE

De la Société des Gens de Lettres, de l'Académie de Clermont, etc.

PHILOSOPHIE
ET
INTIMITÉS MÊLÉES

POÉSIES

CLERMONT-FERRAND

DUCROS-PARIS, ÉDITEUR, LIBRAIRE

Mlle J. COLLAY, SUCCESSEUR

Rue Saint-Genès, n° 5

1877

PHILOSOPHIE
ET
INTIMITÉS MÊLÉES
POÉSIES

OUVRAGES DE L'AUTEUR.

Poésie

HEURES DE LOISIR, 1 vol. in-12.
ISOLEMENTS, 1 vol. in-12.
LA MISSION DU POÈTE, une brochure in-12.
PAGES D'HISTOIRE, } une brochure in-12.
STROPHES ET SONNETS,
A CEUX QUI ONT RENIÉ LEUR MÈRE, une brochure in-12.
LA REVANCHE, une brochure in-12.
PENSÉES ET SOURIRES, 1 vol. in-12.
BIBLIOGRAPHIE, une brochure in-12.
PHILOSOPHIE ET INTIMITÉS MÊLÉES, 1 vol. in-12.

Théâtre

UNE BONNE FORTUNE, Comédie en 2 actes et en vers.
ENTRE MARI ET FEMME, Bluette en 1 acte et en vers.
LA CARTE DE VISITE, Comédie en 3 actes et en vers.
UNE RUSE DE FEMME, Comédie en 3 actes et en vers.
QUI SE RESSEMBLE S'ASSEMBLE, Prov. en 1 acte et en vers.
IL NE FAUT JAMAIS DIRE FONTAINE....., Proverbe en 1 acte et en vers.
POUR ET CONTRE, Prologue dialogué, en vers.
IL NE FAUT PAS COURIR DEUX..... VEUVES A LA FOIS, Proverbe en un acte et en vers.

Prose

DE L'UNITÉ ÉCONOMIQUE ET POLITIQUE EN EUROPE, une brochure in-12.

LOUIS CHALMETON

OFFICIER D'ACADÉMIE

De la Société des Gens de Lettres, de l'Académie de Clermont, etc.

PHILOSOPHIE

ET

INTIMITÉS MÊLÉES

POÉSIES

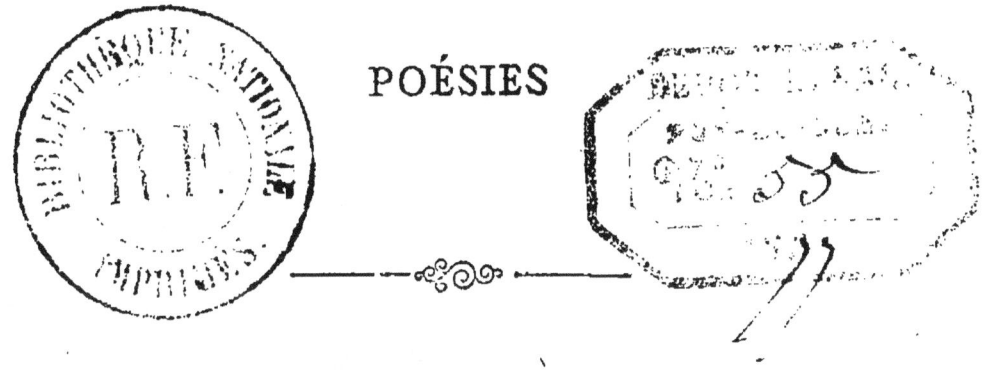

CLERMONT-FERRAND

DUCROS-PARIS, ÉDITEUR, LIBRAIRE

Mlle J. COLLAY, SUCCESSEUR

Rue Saint-Genès, n° 5

—

1877

A LA

VILLE DE CLERMONT-FERRAND

DÉDICACE

—

Clermont ! à toi ces vers ! oiseaux nus et frileux,
Ils viennent, les pauvrets, s'abriter sous ton aile !
De l'un de tes enfants, ils sont l'œuvre nouvelle ;
Un sourire de toi, les rendrait bien heureux !

Leur père te les offre, en citoyen pieux ;
Ville aimée ! En retour, sois pour lui maternelle ;
Poète encore obscur, il met sous ta tutelle
Ce livre écrit avec son cœur...., faute de mieux !

L'auteur, par ce sonnet avant-coureur, t'implore
De son soleil couchant, veuille faire une aurore;
Est-il Clermontois? Non! Ailleurs fut son berceau!

Mais l'Auvergne pour lui n'en reste pas moins chère,
L'homme, en effet, sait-il au juste s'il préfère
Le lieu de sa naissance au lieu de son tombeau!

L. C.

18 Mai 1877.

VERITAS

Poëme lu à la Société du Musée de Riom, le 4 Mars 1876

A
EDGAR QUINET

Député de la Seine.

LIGNES PRÉALABLES

La vérité est ou absolue ou relative;

Dans le premier cas, elle découle de la constatation des phénomènes naturels et de l'évidence des faits.

Indiscutable, par conséquent, elle s'impose à tous !

Dans le second, elle devient la conquête de chacun et résulte de l'appréciation individuelle, librement faite, des théories ayant trait aux choses de l'esprit et à celles du cœur.

Essentiellement variable, contradictoire même, en apparence, cette dernière finit pourtant, en s'unifiant, par conclure des controverses de l'analyse, à l'adoption d'une synthèse victorieuse et justifiant la mise en pratique par elle inspirée, du *Beau*, du *Bon*, du *Juste* et du *Grand*.

Les vers que je vais avoir l'honneur de lire sont le développement de cette pensée.

Spécialement écrits pour ma très-sympathique *Société du Musée de Riom*, puissent-ils avoir l'excellente fortune de lui plaire!

Dédiés à *Edgar Quinet*, l'illustre écrivain les a reçus avant sa mort. Et ce nous est une précieuse satisfaction d'avoir pu transmettre à sa grande âme, prête à s'envoler, cette expression de la nôtre!

L. C.

VERITAS

I.

La vérité ! Grand mot ! Mais où donc est la chose ?
De cet immense effet quelle est l'immense cause ?
L'homme, pour la connaître et dire : *La voilà !*
A-t-il un rayon sûr et que rien ne voila ?
Non !

II.

Du vrai, cependant, il poursuit la conquête ;
C'est le but que son cœur, son esprit et sa tête
Veulent atteindre, au prix d'un combat incessant !
Son repos, son bonheur, sa liberté, son sang,

A l'impassible Sphinx, il donne tout en proie;
Les générations se livrent avec joie
A ce monstre accroupi, sombre incarnation
De l'inconnu, qui pose à tous sa question :
La vérité ?

III.

J'y crois, répondrais-je à la bête !
Mais, est-elle pour moi le métal que l'on jette
Bouillonnant au creuset, dont il devra sortir
Chef-d'œuvre incontestable ? En elle, l'avenir
Approuvera-t-il tout, sans un mot de critique ?
Non !

IV.

Ce qui tient au fait naturel et plastique
Est accepté par tous et sans restriction,
Fait à tous, un devoir de l'admiration ;
Nous sommes tous épris de la mer; la nature

Nous exalte ! Et jamais sans faire une rature
Sur ce livre divin, sans objecter un *si !*
N'affirmons-nous pas tous qu'elle est splendide
[ainsi ?

V.

La matière, à nos sens, par sa beauté s'impose !
Qui lui refuserait ses parfums à la rose ?
Pour qui les chants d'oiseaux sont-ils pas un concert
Ravissant ? Qui nierait les charmes du pré vert,
Ceux du vent qui soupire et de l'eau qui murmure ?

VI.

Non ! rien de l'absolu, rien de la forme pure
Ne prête à l'analyse, et le génie humain
A le controverser, s'épuiserait en vain !
Chacun de nous rêveur et muet le contemple !
Ainsi fait le mystique, à genoux dans un temple,
Qui ne recherche pas la raison de sa foi !

VII.

Mais, les choses du cœur, de l'esprit ; mais, la loi
Qui des sensations régit les phénomènes !
Mais les questions d'art, d'antithèses si pleines ;
Mais, l'*idéal*, ce but si souvent discuté ;
Mais, en dehors du *fait*, la grandeur, la beauté
Qui les définira ? Mais, la pensée humaine ;
Qui pourra jamais dire à cette souveraine :
Tu n'iras pas plus loin ! En dépit du progrès
Quelle main osera jamais biffer : *après* ?

VIII.

Qui, de l'abstraction, pour la mettre en pratique,
Proposera jamais une formule unique,
Applicable au présent, ainsi qu'à l'avenir,
Et sur laquelle, un jour, ne pouvant revenir,
L'homme immobilisé dans son cœur, dans son âme,
Devra, d'ombre vêtu, ne pas suivre la flamme

Qui dirige ses pas ; mais, sans la *liberté*,
Ne trouverait-il pas dans le mot : *vérité*
Un obstacle, une erreur, souvent mis sur sa route,
Un mirage trompeur, le dispensant du doute ;
Du doute ! Ombre féconde, austère et grande loi
Sans laquelle, jamais, n'a pu naître la foi !
Car, le *doute* et la *foi* sont liés l'un à l'autre !
Le dogme, quel qu'il soit, n'a jamais fait d'apôtre
Quand il est imposé ; non ! Car l'esprit humain
A tout, *par ordre*, oppose un langage hautain,
L'un des *non possumus*, qu'inspire la foi vraie
Et qui, fièrement dit, aboutit à la claie !...
... Pour ce saint *idéal* que de sang répandu !...

IX.

Poursuivons !
               En fait d'art s'est on mieux entendu ?
A-t-on, absolument défini l'esthétique
Du *mot* en poësie et du *son* en musique ;
En peinture, est-on bien d'accord sur la *couleur* ?

Non !

X.

Notre *Hugo-le-Grand* a plus d'un détracteur ;
Racine, au vers charmant et si correct de forme
Est vieillot, pour certains ; *Corneille,* cet énorme
Génie, a de son siècle, étincelant sommet,
Été placé moins haut que le sieur *Colletet ;*
Lamartine est divin, mais, il n'a qu'une corde
A sa lyre ; *Musset,* dont le talent s'accorde
Avec les jeunes gens sceptiques et railleurs,
Par les... *vieux*, n'est pas mis au nombre des
[meilleurs ;
Tels sont pour le passé de façon absolue ;
Par tels autres, jamais une page n'est lue,
A moins que son auteur, imberbe à l'œil profond,
Au *passage Choiseul* (1) ne se soit fait un nom !
Le mérite d'un livre est, pour eux, dans sa date!...

(1) Chez l'éditeur Alp. Lemerre.

XI.

La musique ? Faut-il, hélas ! qu'elle se flatte
De trouver que, pour elle, à l'unanimité
Ont voté ses amants ?... Sectateur entêté
Tel ne voit de salut que dans la mélodie
Et dans l'accord parfait ; de cette maladie
Endémique, il n'est rien qui puisse le guérir ;
En dehors de *Grétry*, le grand art doit périr ;
Weber (1) est un novateur dangereux et barbare,
Beethoven l'agace et *Meyerbeer* l'effare.
Ou le chant, ou la mort ! L'orchestre n'est qu'un bruit
Sonore ! pour l'oreille, une façon de nuit
Et l'accompagnement d'une simple épinette
Lui suffirait ; pourquoi l'éclat de la trompette ?

XII.

Tel autre, admirateur exclusif de l'accord
Scientifiquement combiné, veut du *fort* !

(1) Prononcez *Webre.*

Il traite avec dédain, de petite musique
Toute œuvre dont le chant est le mérite unique,
Ou du moins, que le chant fait, surtout, ressortir !
En lui, le contre-point trouverait un martyr
Et l'*ut mineur*, ce mode où le *bémol* foisonne,
Mieux que tout autre ton, à son oreille sonne !

XIII.

En peinture ? Mon Dieu ! le dessin, la couleur
Ont toujours divisé ; *Delacroix* est vainqueur
Ici ; vaincu plus loin par *Ingre* et par la ligne ;
L'un a conquis un nom dont l'autre n'est pas digne;
On accuse *Rubens* d'avoir exagéré
La nature ; *Van Dyck* est presqu'un modéré
Et son... *faire* n'a pas l'allure magistrale
De son ami, *Vernet* dont l'ardeur sans égale
A tant produit, *Vernet*... barbouille, nous dit-on;
Delaroche n'a pas, lui, le penseur profond,
Qui, d'un savant pinceau, fait revivre l'histoire,

Assez de... *chien* ! (Pardon !) c'est à ne pas y croire!
Et si nous voulions bien écouter tour à tour,
Celui qui parle contre et celui qui dit pour,
La langue de *Babel* serait ressuscitée !

XIV.

La politique ? Est-elle enfin, moins maltraitée ?
Non ! L'homme vient encor nous y prouver, hélas!
Ses contradictions ; l'histoire est un amas,
Un pêle-mêmle obscur de choses écroulées ;
De hontes, de grandeurs confusément mêlées,
De hardis en avant ! Et de lâches reculs,
De générosités et d'infâmes calculs,
De larmes et de sang ! Tour à tour on s'y montre
Hier, pour le progrès et le lendemain contre ;
Les Constitutions s'y succèdent ; des lois
D'occasion, tantôt y restaurent des rois
Issus du droit divin ou du droit populaire ;
La République enfin y veut fonder son ère !

Chacun y pousse un cri, chacun y hurle un chant
De triomphe, d'espoir, de haine !...

XV.

       Accord touchant !
Forte unanimité des hommes sur les choses !
Critérium réglant les effets et leurs causes ;
Toi, toute de justice, ô sainte vérité !
Qu'es-tu donc, qu'es-tu donc pour notre humanité?
Au lieu de s'éclairer à tes rayons sans nombre,
Ne combat-elle pas aveuglément dans l'ombre?
Ne voile-t-elle pas ta divine clarté ?
Non !

XVI.

  L'homme, quel qu'il soit, te cherche, ô vérité !
Il te cherche avec foi, sans relâche et sans trêve ;
Ta logique est son but, ton idéal son rêve !
Il a, pour ta beauté, de robustes amours,
Ses chûtes ont, vers toi, de rapides retours !

Oui, l'homme est ton ami, ton amant ;... mais les
[hommes
Ont leur tempérament; à tous, tant que nous sommes
La nature a donné des aspirations,
Des tendresses, des goûts, des admirations
Propres, que nous suivons et dont la conscience
De chacun, pur flambeau, guide la préférence,
L'idéal, pris pour but ; qu'importe le moyen
De le réaliser par le *bon* et le *bien* ?
Quand sa conclusion est le *grand* et le *juste*,
Je m'incline, pieux, devant l'athlète auguste
Luttant pour le progrès et convaincu, cherchant
Sa périlleuse voie ; avançant, reculant ;
Mais, la trouvant toujours, pour le bonheur du monde!

XVII.

Tel, me dis-je, un torrent, sa course est vagabonde
Et paraît menaçante ; il moutonne, il bondit
De roc en roc ! plus bas, enfin, il trouve un lit
Bordé de fleurs, au fond d'une fraîche vallée ;

Son onde pure effleure et lèche la saulée
Qu'agite le zéphir, où nichent mille oiseaux !
On entend gazouiller paisiblement ses eaux ;
Il va, traçant au loin des méandres sans nombre,
Jusqu'à la mer, se jette en cet abîme sombre
Et s'ajoute bientôt à son immensité !

XVIII.

Ainsi de toi ! chaque homme, ô grande vérité !
Contient de ton foyer une pure étincelle ;
Agent mystérieux, il propage, il révèle ;
Sa vie est occupée à ce constant labeur ;
Souvent sa théorie est appelée erreur ;
Calomnié souvent, ce vaillant interprète
De l'idéal humain controversé, s'arrête !
Il hésite ! Il croit voir l'ombre sur son chemin
Tomber ! Mais, ce point noir, soleil le lendemain
S'élève ! Et ses rayons poursuivant leur carrière
Vont se mêler aux tiens, océan de lumière !

20 Février 1875.

Madame veuve Edgar QUINET

A l'Auteur qui avait eu l'honneur de lui faire hommage du manuscrit des vers qui précèdent.

Monsieur,

Il y a trois jours seulement que votre lettre et votre envoi poétique me sont parvenus. La pensée qui vous inspire le pieux souvenir donné à celui qui réalisait par sa vie et ses œuvres, cette vérité que vous invoquez et célébrez si éloquemment ; tout ce que vous ajoutez d'affectueux, d'élevé, me touche profondément ; je le sens mieux que je ne puis l'exprimer ; submergée par la douleur, souffrante, il m'est impossible de trouver des paroles dignes de lui ; car si je parle, si j'écris, c'est en son nom.

Je ne vis qu'en lui, de son éternelle vie ; pour moi, j'habite la mort !

Terminer la tâche sacrée qu'il m'a confiée, employer utilement pour lui, c'est-à-dire au service de la vérité, de la justice, ce temps, ces heures qui font partie de l'Eternité, voilà ma constante préoccupation, en dépit de la maladie et d'une douleur au-dessus des forces humaines.

Je vous remercie donc, en son nom, des nobles paroles que vous venez de prononcer. Le culte de la Vérité devenant la religion nationale, voilà l'idéal de la République. Chacun peut et doit officier dans cette religion, en secret ou publiquement, si le don de l'éloquence est accordé ; chacun peut aider à fonder ce culte universel de la Raison, de la Conscience, principe de l'univers moral, principe vital de l'âme, de la science et de l'art.

Je vous félicite, Monsieur, d'avoir choisi ce sujet sacré digne d'un poëte... Mon mari eut été heureux de lire vos beaux vers.

Recevez, Monsieur, l'expression de mes sentiments affectueux.

Veuve Edgar QUINET.

A MATHILDE

A travers Champs

Je ne te dirai pas que les vignes sont belles,
Que la moisson promet et que le foin est mûr ;
Peu m'importe, en effet ; mais, ce dont je suis sûr,
C'est qu'aujourd'hui, vers toi, j'ouvre grandes mes
[ailes,
Et que, par la pensée, hélas ! faute de mieux,
Ce *treizain*, à ton cœur, en passant par tes yeux,
T'apportera, demain, mille charmantes choses !
Les moissons et les foins ?... Je préfère les roses

Les premiers sont banals, les autres font rêver!
Et si je les compare à toi, qui m'est si chère !
C'est qu'également fleurs, en vous rien ne diffère,
Et que vous répandez sur notre vie austère
Les plus charmants rayons que l'on puisse y trouver!

17 juillet 1876.

A MARGUERITE-EMMA

A propos du 20 Juillet

Cara !
  Si je croyais que sainte Marguerite
Put ajouter un charme à ceux qui sont en toi,
Je serais à ses pieds, l'implorant avec foi,
Pour que ce supplément t'arrivât au plus vite ;
Mais, que te manque-t-il ? Te faudrait-il des yeux
Plus doux ! Des battements de cœur plus généreux ?
Un tour d'esprit plus fin ?... Non ! J'y perdrais ma
            [peine !

Ma supplication deviendrait chose vaine !
Par elle, rien en toi ne serait augmenté !
Non !... Car je suis, d'ailleurs, l'un de ceux que la
[pierre
Des temples, ne voit pas chercher dans la prière ;
Sombre et les yeux baissés, un semblant de lumière,
Quand il admire un ciel, de grands astres clouté !

19 Juillet 1876.

A Madame VICTOR L***

Souvenir

J'ai contracté, madame, une douce habitude ;
Le *bon*, quand je le sens, le *beau* quand je le vois,
Me font chanter ! mes yeux et mon cœur ont des voix
Que ma muse traduit, couramment, sans étude
Au moyen de mots *vrais* !
                Quand de vous, il s'agit
Surtout ; vous comprenez que si ma plume écrit,
Par un double idéal, mon âme est inspirée,
Et que mille trésors présents à ma pensée

En ne me forçant pas à chercher pour trouver,
Impriment à mes vers, une facile allure ;
Je viens de les tracer, en effet, sans rature
Ces pauvres vers rêvés, rimés d'après nature !
En souvenir de moi, veuillez les conserver !

3 Septembre 1876.

A Madame Th. B***

A propos d'une menace

Hier, m'avez-vous dit : *ne vous y fiez pas !*
Je vous détesterais !... Me détester, madame !
Moi qui, vous le savez, vous ai donné mon âme !
Biffez ces vilains mots ; vous comprenez, hélas !
Que si jamais, un jour, vous croyant offensée
Par tel méchant propos, bien loin de ma pensée,
Vous pouviez me bannir de votre affection,
J'en mourrais !
    Ces vers donc, pour moi viennent vous dire

Et (*ne varietur*)! ma plume va l'écrire,
« Ce qui vous a déplu, mon Dieu, je le retire,
» Pour obtenir de vous, mon absolution ! »

5 Avril 1875.

A PLUSIEURS

Au Clair de la Lune

Amis !
    Hier, la lune argentait mon chemin ;
Je rentrais à Clermont l'âme de lueurs pleine,
Et, vous le comprenez, je vous quittais à peine !

Suave impression dont, par ce *quatorzain*,
Avec amour rimé, mon cœur vous remercie !
Groupe au centre duquel rayonnait F...;
Il ne m'en reste plus qu'un souvenir, hélas !

Donc, je rentrais ému ; car chacun de mes pas
Me séparait de vous dont l'amitié m'est chère,
Et je réfléchissais mélancoliquement
Sur l'instabilité des choses du moment !
Le matin, le rayon et le ravissement
De l'arrivée, alors que le soir, en partant,
Tout disparaît !... Hélas ! que la vie est amère !

31 Juillet 1876.

A Madame A. de C***

Sonnet

Madame ! vous avez le plus charmant visage
Que l'on puisse rêver ! L'esprit original,
Et fin, et bienveillant ; en vous, rien n'est banal ;
Et si les vers coquets n'étaient pas hors d'usage ;

D'une goutte de musc, imprégnant mon hommage,
Je dirais : qu'un regard qui n'a pas son égal
Est le vôtre, qu'un pied mignon et sans rival
Est votre pied !... Mais, trève, en raison de mon âge

Qui n'est pas, j'en conviens, celui d'un céladon,
Aux fades compliments ; n'est-il pas d'autre don
Qui, non moins précieux, pourrait tenter ma muse?

Ne les trouve-t-on pas, les qualités du cœur
Si nombreuses en vous, que devant ce vainqueur,
Votre beauté, madame, en deviendrait confuse !

22 Mars 1875.

A A. de C***

Regret

Ami,

    J'ai d'autant plus regretté mon absence,
Courte d'ailleurs, et dont je me suis repenti,
Que (pouvais-je prévoir ?) pour un instant sorti,
Je devais, au retour, avoir perdu la chance
De recevoir de vous un billet tout charmant,
Que j'ai lu, dont je suis dans le ravissement !
Mais, où l'auteur (à vous connu !) m'est trop aimable;
Si j'ai pu réussir à rimer un sonnet

Passable, cher ami, je vous le dis tout net,
En quoi, de ce sonnet, suis-je le responsable ?
Je n'ai fait, en cela, que voir, que copier ;
Ma main, en les traçant, ces vers, sur le papier
Courait ! Mais, à qui donc ma muse les doit-elle ?

Quand un peintre est assez heureux pour le trouver
Sous son pinceau, ce qui fera plus tard rêver,
Dites, n'en doit-il pas l'idéal au modèle ?

25 Mars 1875.

A LOUIS BLANC

Député de la Seine

LOGIQUE DES CHOSES

Etude historique et philosophique, en vers,

Lue à l'Académie de Clermont les 1er février et 1er mars

LIGNES PRÉALABLES

Le but que s'est proposé d'atteindre l'auteur de ce travail est celui-ci :

Répondre aux attaques dont la *Révolution française* est l'objet, et cela, honnêtement, consciencieusement, avec la plus grande modération, en expliquant toutes choses, et n'excusant rien de ce qui ne peut être excusé.

Génériquement et en principe, qu'est à nos yeux la Révolution ?

Le cours régulier, progressif et logique des choses ;

Certains hommes donnent, pourtant, au mot, une signification dont il est, à notre avis, l'antithèse.

La Révolution est, selon nous, l'*action* féconde, toujours calme, sure, sans violence, chronométrique et mathématique pour ainsi parler; à moins, toutefois, que la *réaction* en imprimant au mécanisme idéal qui entraîne l'humanité, un mouvement de recul, ne cherche à lui donner une périlleuse direction en sens inverse.

La Révolution, c'est l'ordre et la paix;

La contre-révolution, le désordre et la guerre,

L'une rétablit et rassure;

L'autre désagrège et effare;

La Révolution du xvi° siècle, c'est la liberté de conscience, moins les sanglantes résistances aux persécutions;

La Révolution du xviii°, c'est le progrès, moins les journées violentes, œuvres indirectes de la contre-révolution et provoquées par elle!

Conformément à notre théorie, qui fut

le moins révolutionnaire, du moine *Martin Luther* ou du pape *Léon X?*

De *de Dreux-Brézé*, par son injonction au *Tiers*, ou de *Mirabeau*, par sa réplique légendaire ?

Notre immortelle année 1789 a commencé l'une des révolutions les plus réparatrices.

De combien d'accusations n'a-t-elle, cependant, pas été assaillie ?

Et ses accusateurs persistent !

Nous avons le projet de leur répondre !

Notre travail conclûra donc à ceci :

Amener en tout et partout l'équilibre ! L'excès, d'un côté étant inévitablement suivi par un excès, de l'autre.

Les chrétiens tués par Néron, seront plus tard officiellement reconnus par Constantin.

1789 combattu, aboutira à 1793 victorieux.

L'ancien monde ayant cherché à enrayer la marche en avant, le nouveau lui répondra par une course effrénée !

La permanence de la Révolution, tel est, selon nous, le remède à ces doubles et regrettables oscillations.

Permanence féconde! Et, pour notre part, c'est elle qui résume notre foi et qui met en nous, toutes nos espérances.

Louis Blanc à qui l'auteur a dédié son œuvre, a bien voulu, par la lettre suivante, répondre à cette dédicace.

Paris, 15 Décembre 1876.

Monsieur,

» Vous me demandez de maintenir mon nom en
» tête du travail où vous glorifiez la *Révolution fran-*
» *çaise* ; non-seulement je vous y autorise, mais je
» vous en remercie ; la lecture de votre manuscrit
» m'ayant fait un double plaisir.

» Félicitations cordiales.

» Louis BLANC. »

LOGIQUE DES CHOSES

I.

Non ! L'avenir n'est pas le vassal du passé ;
L'un fut l'agression dont l'autre est la revanche ;
Et, de par la logique, il faut que ce qui penche
Trop d'un côté, de l'autre, un jour, soit redressé !
A ce pondérateur, rien ne peut se soustraire,
Et l'esprit le subit, ainsi que la matière ;
Le progrès enrayé, c'est l'insurrection,
Le grand fleuve barré, c'est l'inondation,
Le vent que l'on retient captif, c'est la tempête !
Tout a son droit acquis, conscient ou fatal ;
L'animal à l'instinct et l'homme à l'idéal ;
A l'équilibre exact, l'astre, le minéral ;
Inéluctable loi, force que rien n'arrête !

II.

Mais, les hommes ayant voilé la vérité,
Le *juste* est obscurci par des ombres immenses ;
D'étranges notions faussent les consciences
Et l'*injuste* prévaut !... De cette iniquité,
Le temps, en consacrant les erreurs monstrueuses,
Paraît les protéger par des raisons menteuses
De conservation et de stabilité ;
Si bien, qu'habituée au *faux*, l'humanité,
Semble oublier le *vrai* ! Par ses maîtres guidée,
Elle rampe, elle va, troupeau vil et sans voir
Que là-bas, devant elle, où l'horizon est noir,
Un soleil rayonnant se lève ; hier espoir,
Certitude demain ; ce soleil, c'est l'*idée* !

III.

L'idée, autrement dit la justice et l'amour
Méconnus, s'affirmant ; l'idée, auguste reine,
S'emparant de l'esprit humain, en souveraine ;
L'idée apparaissant radieuse au grand jour

Et grand flambeau, jetant ses fécondes lumières
Sur les sombres passés, pour montrer leurs misères !
L'idée ardente, enfin, faisant explosion
Par un cri précurseur d'émancipation,
Provoquant un grand fait, dont tressaillit le monde !
La Révolution !
　　　　　Certes, je ne veux rien
En effacer ; la mort est un affreux moyen ;
Mais la cause et l'effet ont entr'eux un lien
Mystérieux, souvent, c'est l'inconnu qui fonde !

IV.

Oui, je signalerai plus d'un excès commis ;
Le sang a trop coulé ; fièvreusement farouches,
Les mains ont trop souvent mis le silence aux bouches ;
Traité la vie humaine avec trop de mépris ;
Sur un terrain brûlant, fatalement lancée,
La Révolution n'avait qu'une pensée ;
Détruire le passé ! Sans bien se souvenir
Que la ruine nuit parfois à l'avenir

Et que ce qui grandit un nom, c'est le martyre !
Oui, oui, j'expliquerai ; mais, sans les excuser,
Les fureurs qu'un danger suprême a fait oser,
Et le *mal* me verra tout prêt à l'accuser ;
Car, c'est le *bien*, toujours qui fait vibrer ma lyre !

V.

Anticipons !
    Sur un gibet *Christ* était mort !
Sa parole inspirée avait, de par le monde,
Laissé dans les esprits, une trace profonde
Et ce je ne sais quoi de viril et de fort,
Dont s'empare, avec foi, la conscience humaine !
Rome veut résister, l'impulsion l'entraîne !
Et malgré les lions et malgré les bourreaux,
L'idéal avançait ! Les cirques étaient beaux
A voir, ensanglantés par des martyrs sans nombre !
Mais, ceux qu'on tuait là, sans trêve, ni merci,
(Et l'histoire le prouve, et c'est toujours ainsi !)

Vainqueurs et triomphants, ressuscitaient ici ;
D'un côté les rayons, de l'autre côté l'ombre !

VI.

Pourtant, l'empire était accepté ; l'empereur
Sur le monde connu, n'avait qu'un geste à faire
Pour en être obéi ; tout était tributaire
De la cité maîtresse, ayant pour protecteur
Un olympe de dieux, veillant au capitole !
Cette énorme unité, seule avait la parole ;
Elle synthétisait l'âme du genre humain ;
L'empereur, le sénat et le peuple romain
Etaient tout ; *Rome* alors, absorbait toutes choses !
Dans ses riches palais, ses bains, ses lupanars,
Où la luxure avait, pour complices, les arts ;
Ses nobles citoyens, ses affranchis hagards,
Vivaient, indifférents et couronnés de roses !

VII.

Rien ne semblait pouvoir ébranler ce géant !
Les peuples, ses vassaux, à cette suzeraine

Qu'entouraient les ferments d'une commune haine,
Comme des fils, étaient fidèles, cependant !
Mais, *Rome* avait la mort en elle ; ce colosse
Aux pieds d'argile, était sur le bord de la fosse
Qui devait contenir ses immenses débris ;
Qui l'y poussera ? Qui, parmi ses ennemis,
Sera l'enfouisseur ?... Une loi, *la statique !*
Un poids fatal auquel rien ne peut résister ;
Idée auguste, ou bien grain de sable à jeter
Du côté de la *force* et qui fait remonter
Le côté du *droit* ; qui ? Deux mots : La *logique* !

VIII.

Ce rayon éclairant la cause par l'effet,
Cet invisible bras dont la toute puissance
Des choses à frapper, bravant la résistance,
Les disperse ; et pouvant tout, défait et refait !
Rome avait trop laissé dominer la matière,
Par le culte des sens, trop voilé la lumière
De l'esprit ; et malgré quelques avertisseurs

Sagaces, en dépit de quelques grands penseurs
Planant hors du bourbier de cette ville immonde,
Elle était devenue, impérial égout,
L'un de ces mauvais lieux augustes, où partout
S'étale effrontément le vice, où l'on voit tout
Disparaître et tomber dans une nuit profonde !

IX.

Mais, le jour se faisait ! Le Christ avait prêché ;
Les rêveurs, les penseurs de toutes les écoles
Avaient écrit ; le monde, ému par ses paroles
Et leurs travaux, cherchait, sur l'avenir penché,
A découvrir en lui, les problèmes sans nombre
Dont la solution était encor dans l'ombre ;
L'homme était abaissé ; l'homme devait grandir !
La femme, trop souvent instrument de plaisir,
Devait être rendue à l'épouse, à la mère !
L'olympe avait encor son scandaleux essaim
Trônant, buvant, aimant et rayonnant en vain,

Pour ces mythes vieillis, usés, l'esprit humain
Avait plus de mépris, encor, que de colère !

X.

On nommait vaguement un Dieu ! L'on protestait
Par quelqu'humble vertu, contre l'excès du vice ;
— On parlait du devoir étroit du sacrifice
De soi-même à chacun, — au riche, on contestait
Le droit de posséder seul les fruits de la terre,
Quand le pauvre souffrait ; — une doctrine austère
Préconisait l'esprit et condamnait la chair ! —
— Le bonheur, d'après elle, était plus à chercher
Dans les privations que dans les jouissances ;
— L'âme dans la douleur trouvait son contrepoids ;
— Aimer était le grand principe de ses lois ;
— Sa morale unissait, tendre et forte, à la fois,
La dignité de l'homme et l'oubli des offenses !

XI.

Toutes ces nouveautés s'infiltraient lentement,
Dans la tête et le cœur de ceux dont la pensée,

Des préjugés anciens, était débarrassée ;
Hommes libres, et qui le prouvaient fièrement !
A leur suite, venaient les petits, les esclaves,
Tous les deshérités faméliques et haves,
Les déclassés, toujours nombreux, la foule enfin,
Pêle-mêle confus, encombrant le chemin
Au bout duquel il croit trouver la délivrance !
Nous l'avons déjà dit : Les empereurs tuaient,
Plus aveugles encor, les vieux païens huaient
Les chrétiens, sur lesquels les fauves se ruaient,
Et qui poussaient, au ciel, une clameur immense !

XII.

Ce cri suprême fut, par le monde entendu !
Les persécutions désagrégaient l'empire
Qui tombait impuissant, vaincu par un sourire
En face des bourreaux ! Mais, le sang répandu
Se transforme ! Il devient une sainte rosée
Et retombe du ciel, en lueur condensée ;
La mort, dont on ne voit que l'ombre, a ses rayons

Christ périt sur la croix ! sous la dent des lions
Expirent les chrétiens !... à l'exemple du maître,
Ces héros ont en eux, ce qu'on refoule en vain,
L'*idéal !*... Le premier passera pour divin,
Les autres ont la foi, seule force qui vainct !
La Révolution chrétienne vient de naître !

XIII.

La Révolution par la *Fraternité*,
Premier grand mot d'amour, cet aliment de l'âme,
Et que compléteront, écrits en traits de flamme,
Celui d'*Egalité*, celui de *Liberté !*
Des voix que l'on n'avait pas encore entendues,
Des clartés, jusqu'alors, aux hommes inconnues
Affirmaient, éclairaient les droits de la raison,
D'un côté, l'ordre ancien mourait à l'horizon,
De l'autre, le nouveau préludait à la vie !
Tout faisait pressentir un profond changement
Dans les lois, dans les mœurs perverses du moment

Et, signe précurseur de cet écroulement,
Tous les conservateurs luttaient avec furie !

XIV.

C'en était fait, pourtant, de l'empire et des dieux ;
La parole passait de plein droit à l'idée ;
La grande question était presque vidée,
On allait expurger la doctrine et les cieux !
Mais leur fatal maintien avait encor ses causes ;
Il subsistait toujours, l'officiel des choses,
L'Empire agonisait ; mais, non pas l'Empereur !
L'homme était toujours là, soutenu par la peur
Et par le faux respect des populaces viles !
Tiberius régnait quand le Christ fut tué ;
Et depuis, on s'était, à *Rome*, habitué
A honnir les chrétiens dont le nom conspué
Etait le nom de ceux que méprisent les villes,

XV.

Des tarés, sur lesquels devait s'appesantir

La colère des dieux, aréopage auguste,
Tribunal décidant du *juste* et de l'*injuste*:
De ces dieux... tout-puissants... qui venaient de
[partir !
Donc, à mort les chrétiens !... pourtant, la politique
Etait sombre ! on craignait, tout bas la République,
Les penseurs, les chrétiens ; ce qu'ils préconisaient
En secret, effrayait ; tout ce que prédisaient
Ces obscurs va-nu-pieds, épouvantait les riches,
Les prêtres, tous les gens ayant un intérêt
Direct au *statu quo ;* ceux qui vivent du prêt
Et que la question d'argent, tient en arrêt ;
Hommes... pieux, pour tous les saints votant des
[niches !

XVI.

Apôtres convaincus, aux yeux desquels il faut,
Non pas *Dieu*, mais un *Dieu* positif et tangible,
Un Etre fort, doux aux croyants ; un *Dieu* terrible
Aux hommes de pensée ; un agent placé haut,

Unique ou collectif? Bah! fort peu leur importe
Le nombre, la nature, et la forme, et la sorte,
Qu'on l'appelle *Bramah*, qu'on le nomme *Jupin*,
Pourvu qu'il soit, pour eux, un gendarme divin,
Surveillant, l'arme au poing, les hommes et les
[choses,
Imposant à ceux-ci, l'olympe officiel,
Crucifiant ceux-là, toujours au nom du ciel,
Et couvrant ses arrêts du mensonge éternel
Qui d'un sanglant effet, divinise les causes !

XVII.

Ces... apôtres, allaient, cependant, aux chrétiens ;
Et ce, grâce à la foi toute de fantaisie
De certains empereurs, hommes de poésie,
Disciples de *Zénon ;* mais, fort mauvais païens
Qui, dans le temple, alors qu'une foule empressée
Adorait ; dirigeaient vaguement leur pensée
Vers un but idéal, peu défini, mêlé,

D'ombres et de rayons, comme un ciel étoilé !
Du culte de l'Etat qui paraissaient s'abstraire,
Ne parader que pour l'exemple, seulement ;
Et devant les autels, courbés... élégamment,
Murmuraient, *in petto*,... religieusement,
Quelques vers de *Lucrèce*, en guise de prière !

XVIII.

L'équivoque partout, partout le convenu ;
La vérité n'était qu'une simple hypothèse,
Et le monde attendait sa nouvelle *Genèse ;*
Des lueurs éclairaient l'ombre de l'inconnu !
En bas, en haut, chacun, qu'il fut esclave ou libre,
Rêvait, pour l'avenir, un nouvel équilibre,
L'empire s'enlisait, faute d'un point d'appui ;
Mais, *Constantin* paraît, et la croix avec lui,
(Elle si méprisée, elle, un gibet naguère,)
Devient un signe auguste, un rayon, un soleil !
Une apparition provoquant le réveil

Extatique du *droit* ; jamais, rien de pareil
N'avait, au cœur humain, crié plus haut : Espère !

XIX.

Espoir déçu !... non pas, certes, qu'à l'horizon
Ne se dressât le fait de la chose rêvée ;
Christ avait, dans l'Etat, sa place réservée,
Il n'était plus suspect et hors de la maison ;
Les chrétiens n'allaient plus des sombres catacombes
Au cirque, où ruissela le sang des hécatombes ;
Les fauves n'avaient plus, pour eux, de cruauté,
L'Évangile naissait à l'immortalité !
Et tous les cœurs battaient, et toutes les poitrines
Haletaient !... C'était un immense évènement !...
... Les douteurs parlaient bien avec étonnement
D'une croix apparue au héros du moment,
Et ne remontaient pas à des causes divines !

XX.

Mais, le peuple... croyait, et *Constantin*... régnait,
Débarrassé des dieux vieillis du capitole ;

Mais, les douteurs, doutaient, émus par la parole
Toute de liberté de Christ ; on les craignait,
On tremblait aux clartés de leur libre pensée !
… En l'an *trois cent vingt-cinq*, un concile à *Nicée*
Officialisait ce que l'esprit humain
Affranchi, voulait seul, juger en souverain !
C'en était fait, le monde avait repris sa chaîne ;
Les aspirations des rêveurs, des penseurs,
Plus chrétiens, mille fois, que les graves docteurs
Des conciles, tombaient dans l'ombre des erreurs,
Leur martyre et leur sang répandu, chose vaine !

XXI.

Les puissants, pour garder la domination,
Dans le surnaturel, mystérieuse mine,
Puisaient, les éléments nouveaux d'une doctrine
Qui devait maintenir leurs moyens d'action !
Les conciles pesaient et fixaient la pensée
De Christ, dont la parole était controversée…
… (Le moins juge du plus ! Le temps, de l'infini)!

Et le dogme en sortait, arrêté, défini,
Sans que l'esprit humain put en rien contredire ;
Mais, il contredisait, pourtant, avec ardeur !
Nouveaux conciles qui stigmatisaient l'erreur ;
A concile nouveau, nouveau contradicteur ;
L'*idéal* et le *fait*, se disputaient l'empire !

XXII.

Des deux parts on luttait ; les gens d'autorité
Voulaient, violemment, détruire l'hérésie
Que défendaient, avec la même frénésie
En mourant pour leur foi, ceux de la liberté !
Les fils de ces chrétiens, jetés naguère aux bêtes,
Et qui veillaient, autour de leurs chères conquêtes,
N'étaient avons-nous dit, plus livrés au licteur ;
Mais, on les conduisait devant l'inquisiteur,
Personnage masqué, sculptural, vêtu d'ombre
Qui, désignant du doigt, un crucifix : Niez !
Leur disait-il ; et tous, par la mort défiés,
Sans faiblir répondaient sur le bûcher liés :

4.

Non !... Le bourreau prenait ses victimes sans
[nombre !

XXIII.

Et le bourreau, bientôt ne leur suffisait plus !
Un tribunal était trop lent, trop juridique
Trop formaliste, enfin et pas assez pratique !
On ne leur donne pas la parole aux vaincus !
Non ! mais on les détruit en masse et sans relâche;
Des martyrs isolés ? le bûcher et la hache ?
Le piédestal au lieu de l'oubli ? Le rayon,
L'auréole et le nimbe au lieu de l'ombre ? Non !
Mais des assassins apostés, et sans phrase,
Tuant la nuit; non! mais des femmes, des enfants,
Égorgés sans pitié! Des amoncellements
De cadavres! Voilà des moyens triomphants;
Juger son ennemi? Non, du pied on l'écrase!

XXIV.

Horrible, n'est-ce pas? De l'histoire, pourtant,

Impossible à voiler ?.... Une immense hécatombe,
Au nom de *Christ* vainqueur de la nuit, de la tombe,
Au lieu de s'entr'aider, l'homme s'entretuant ;
Après la loi d'amour, celle du meurtre infâme !
Le *fait* brutal au lieu de l'*idéal* de l'âme,
La contrainte imposée aux rêves de la foi ;
Des fers toujours ; jamais des ailes, et pourquoi ?
Pour régner ! Pour se faire une docile escorte
De tous les cœurs, de tous les bras, et transformer
La libre humanité qui ne devrait qu'aimer
En esclaves haineux, toujours prêts à s'armer,
Pour tuer le progrès, sur la liberté morte !

XXV.

Décréter le silence et l'immobilité,
Ordonner le maintien immuable des choses,
Réglementer l'essor, pour amoindrir les causes
Saintes, de la douleur ; non ! non ! L'humanité
Ne pourrait pas grandir sans se sentir blessée !
Supprimer la douleur ? Utopie insensée !

Mot hypocrite ! Non, l'homme, s'il ne souffrait,
Perdrait son *idéal*; car, il abrogerait
Une loi nécessaire et forte, sans laquelle
Lui, l'éternel chercheur, le lutteur incessant,
Arrêterait l'effort de sa marche en avant,
Et blasé par l'excès de son énervement
Engourdi, tomberait, sans coup d'œil, sans coup
[d'aile !

XXVI.

N'aurait plus, ni l'ardeur à chercher le progrès,
Ni l'abnégation qu'il faut pour sa conquête !
Le vaisseau rentre au port sacré par la tempête ;
Il montre, avec orgueil ses mats et ses agrès ;
Les hommes, ces champions des fécondes mêlées,
Sont, après le combat, des foules constellées ;
La mort les entourait de ses noires torpeurs,
Ils l'ont bravée ! Et tous deviennent des splendeurs;
L'ombre qui les couvrait est une aube azurée !
La guerre ; faisons-la vaillamment, en héros !

Luttons, combattons, soit ; que le sang coule à flots;
Mais, que l'arme frappant la face et non le dos,
Pour un assassinat ne soit jamais tirée !

XXVII.

Eh bien, non ! Leur soldat fut toujours l'assassin ;
Il leur fallut toujours cette louche milice ;
Du tortueux poignard, l'ombre fut le complice ;
Pour le réaliser, leur atroce dessein
Ils employèrent tout : Le meurtre, l'incendie,
Le viol !... On blessait la mère ; un bras impie
Arrachait le fœtus de son sein palpitant !
La jeune fille aux yeux d'azur, l'aïeul, l'enfant
Etaient traités avec une cruauté noire !
On n'épargnait personne ; il fallait obéir
Aux assassins gagés, abjurer ou mourir !...
... O Christ ! Comment ton nom a-t-il donc pu servir
A faire tant couler de sang sur notre histoire ?

XXVIII.

Et ce ne fut pas tout ; la boue après le sang !
Le vieux monde penchait de plus en plus vers
[l'ombre ;
Son horizon, jadis rayonnant, était sombre ;
Pour vivre, il n'avait plus ce viril excitant
L'*idéal* ! dont s'était imprégné sa jeunesse ;
Déchu donc, il voulait donner à sa faiblesse
Une vigueur factice, en usant d'un moyen
Vieilli, dont était mort, le vieux monde païen ;
La force, le pouvoir exagéré, le crime
Légal ! la tyrannie abjecte, et l'odieux
Principe, de tenir sa puissance des cieux !
Rome, elle, avait trouvé dans son abus des dieux,
La mort ; les olympiens avaient creusé l'abîme !

XXIX

Ainsi du monde qui fut le monde chrétien,
D'abord, la Liberté, vivifiante flamme,

Avait été son droit et la foi de son âme,
Le trésor de sa vie et son souverain bien !
Oui ; mais des rois régnaient, amoureux de prestige,
Et la France dont ils voulaient l'hommage lige,
Devenait factieuse avec la liberté ;
L'intérêt de l'Etat exigeait l'unité ;
Etre libre, dès lors, c'était être rebelle ;
Il fallait imposer le dogme, unifier
La foi, déconcerter les uns, terrifier
Les autres convaincus, ne voulant pas plier ;
Proscrire la pensée, ou la mettre en tutelle !

XXX.

Certe, on peut transformer, en martyr, un penseur;
La mort grandit ! Le sang se change en auréole
Jean Huss, Giordano Bruno, Savonarole
N'ont-ils pas, dans l'histoire, une place d'honneur?
Du sang ? (amnistions le tous !) mais, pas de boue !
Tranchons la tête, soit ; mais, respectons la joue ;
Ne dégradons pas ceux que nous voulons tuer !

Ne les condamnons pas à se prostituer ;
Laissons-les vivre en paix, avec leur conscience !
A quoi bon ! à quoi bon ! ces pseudo-convertis ?
Ces... prudents renégats, l'opprobre des partis,
Gens à vendre, toujours, quand on leur offre un
[prix ?...
Leur avilissement avilissait la France !

XXXI.

Et la France tombait, comme *Rome* autrefois,
Dans le gouffre ! Sans mœurs, sceptique, indifférente,
Elle ne suivait plus que la fatale pente
Du plaisir ! La noblesse, en copiant les rois,
Se perdait ; quant au peuple ; après ses grandes
[luttes,
A bout de résister, tout meurtri de ses chutes,
Oublieux du passé, sans prévoir l'avenir,
Il allait ! Et n'avait pas pour se soutenir
La foi !... La foi, du moins, libre, la seule vraie !
En France, il était donc, inconscient chrétien

Ce qu'à Rome, jadis, fut le peuple païen ;
Une foule, avant Christ, adorant l'olympien,
Double et banal autel dont la raison s'effraie !

XXXII.

Double et fatal courant ! l'un avait entraîné
L'ancien monde, à genoux devant les dieux-matière
Et l'autre menaçait le nouveau, qui, d'une ère
Ayant été l'espoir, avait abandonné
L'*idéal* pur, la foi dans la libre-pensée
Pour suivre, aveuglément, de la chose imposée
Le *par ordre* brutal et l'aride errement ;
Mais, la tombe qui s'ouvre a son rayonnement,
Le silence, à l'état latent, a sa parole,
Son *Verbe* rédempteur, dont la diversion
Est, de ce qui mourait, la résurrection ;
Ce *Verbe* fut le Christ ; la *Révolution*
Française, eût à jouer aussi ce divin rôle ;

XXXIII.

Tout ce que l'un sauva, fut par l'autre sauvé ;
Même aspiration, même but, même extase,
Même redressement de ce qui, sur sa base,
Penchait ! même cadavre, au sépulcre enlevé
Et radieux, sortant vainqueur de la nuit noire ;
A *mil huit cents* ans près, même page d'histoire ;
De l'épopée humaine, immortels souvenirs,
Des deux parts des héros, des deux parts des martyrs
Et des deux parts du sang !... double et rayonnant
                                               [fleuve,
Sainte irrigation qui, pour l'humanité
Fut, ce que pour la terre, en hiver, ont été
Ces torrents, par lesquels tout para îtem porté ;
Mais auxquels, au printemps, la colombe s'abreuve !

XXXIV.

Oui, du sang ! (et je rentre ici dans mon sujet !)
Du sang qui, quoi qu'horrible à voir couler, constate

D'un grand siècle expiré, la lumineuse date,
Qu'une grande cause, eût son héroïque effet;
Que les assassinés, pour leur foi, dans les villes,
Que ceux que l'on traitait de populaces viles :
Chrétiens et *Huguenots*, furent de grands rayons !
Oui, du sang ! on lui doit les élévations
De l'âme, les hauts faits, les exemples sublimes !
Mourir, c'est aspirer l'immortalité !...

... J'ai pu, par un excès de lyrisme emporté,
Glorifier le sang, qui de l'humanité
Féconde les vertus et provoque les crimes;

XXXV.

Mais, en me réservant le droit de séparer
Le bourreau du martyr ! certes les mains sanglantes
De l'histoire, toujours, seront les épouvantes ;
Ces mains, je veux pourtant au moins les comparer.

La *Révolution* ! mon Dieu, je le confesse,
Calme et pure, aurait dû, d'elle, rester maîtresse

Et ne pas s'exposer aux accusations
Des vieux partis vaincus; hélas ! les factions
Ont beau jeu; tant de sang répandu disent-elles,
Et trois mots radieux émaillaient ses discours;
Des trois célestes sœurs elle fit ses amours,
Quand les prisons d'État se peuplaient tous les
[jours
Et livraient, tous les jours, des victimes nouvelles.

XXXVI.

Vive la *Liberté* ! quand on votait la mort !
Vive l'*Egalité* ! devant la guillotine,
Et la *Fraternité* cette vierge divine,
Fille impure, s'était prostituée au fort !
La Terreur, ce tyran collectif et sinistre,
Farouche abstraction, avait pris pour ministre
Le bourreau ! devant lui, tout pliait ou mourait !
Un fanatisme ardent que tout exaspérait,
Embellissait la mort, à cette étrange époque,
Et les exécutés avaient, pour la plupart :

Ci-Devant, Girondin, Cordelier, Montagnard
Vu le fatal couteau, sans baisser le regard,
Et stoïques, bravé la foule, à la voix rauque !

XXXVII.

Ce fut terrible et grand, naïf, féroce et doux !
Jamais les passions exaltant l'âme humaine,
Par leurs excès d'amour et leurs excès de haine,
N'avaient (loyaux souvent !) porté de pareils coups ;
Aux chrétiens ébranlant les colonnes des temples,
Aux huguenots donnant les robustes exemples
Du sacrifice, la Révolution prit
Le culte ardent du droit et celui de l'esprit.;
Mais, croyant l'absolu, pour elle, obligatoire,
Et l'objet de sa haine étant encor debout,
La brutale jeta comme un volcan qui bout,
Sa lave ; aveuglément elle détruisit tout,
Sans se préoccuper du passé de l'histoire ;

XXXVIII.

Et le passé lutta, sans se préoccuper
(Double et fatale erreur!) que ses abus sans nombre
Avaient voilé l'idée et voulu jeter l'ombre
Sur le droit ! l'ignorance est facile à tromper
Et la force peut faire échec à la justice
Quand, des siècles durant, elle a pris pour complice
Des mots pompeux! C'est l'ordre et la stabilité
Qu'elle veut maintenir; mais en réalité,
C'est le désordre et la révolte qu'elle fonde !
Remontons dans l'histoire et voyons si toujours,
Ainsi qu'un fleuve dont on a barré le cours,
Le droit qu'on a proscrit, n'a pas eu ses retours
Vainqueurs; si la raison ne conduit pas le monde!

XXXIX.

Redisons, nous l'avons déjà plus haut écrit,
Que le droit du chrétien, avait été, par *Rome*,
Méconnu; que plus tard, on avait traité comme

Un rebelle, celui qui reconnaissant *Christ*,
N'était pas, cependant, assez bon catholique
Et laissait supposer par sa casuistique
Suspecte, que sa foi manquait de pureté !
A l'un la mort ! La mort à l'autre ! « En vérité
« Etait-il dit, l'épée amènera l'épée ! »
Et le vieux monde avait la sienne ; et le nouveau
Son glaive d'une main, et de l'autre un flambeau
Extatique ! Couvert des plis de son drapeau,
Commençait, fièrement son immense épopée !

XXXX.

La Révolution, et je le dis ici
Pour finir, a lutté violemment, sans doute,
(On l'avait attaquée !) Elle a rougi sa route
De sang ; elle a tué sans trêve ni merci ;
Indomptable ouragan fait d'ombre et de lumière,
La lueur des éclairs et l'éclat du tonnerre
Furent sa mise en scène ; elle n'épargna rien,

Ni l'âge, ni le sexe, et plus d'un citoyen
Périt iniquement au fort de la mêlée ;
Non, ces sanglants écarts, je ne les nierai pas ;
Par des crimes, souvent, elle a marqué ses pas ;
Oui ; mais convenons-en, à la justice, hélas !
La calomnie, aussi, s'est beaucoup trop mêlée !

XXXXI.

Ce qu'elle défendait, en somme, était la foi
Humaine ; faisons pour la bien juger le compte
Des crimes du passé ; répudions leur honte,
Cherchons, de l'avenir l'inévitable loi ;
Et si voyant son œuvre auguste, mais horrible
Sans partialité ; si soumettant au crible
De l'histoire, témoin suprême, incontesté,
Ce grand drame ! Enfin si, de la postérité,
Sur lui, nous provoquons une réponse austère,
Faite loyalement et sans prévention ;
Ecoutons son verdict : « La Révolution

» En dépit des ardeurs de son expansion
» A préservé l'idée et commencé notre ère !

XXXXII.

» Mesurons, dira-t-elle, et faisons une mer
» Du sang qui fut versé par les rois et les prêtres,
» Comptons, amoncelons nos cadavres d'ancêtres
» Tués par les bourreaux et rongés par le ver ;
» Retrogradons jusqu'aux païens, jusqu'aux bar-
[bares,
» Des siècles écoulés ne soyons pas avares,
» Voyons partout le vice au faîte, et le bas fond
» Peuplé d'êtres humains, honnêtes et sans nom,
» Et comparons l'effet à ses funestes causes ;
» La Révolution, agent mystérieux,
» En respectant la vie, aurait pu faire mieux ;
» Mais, ne condamnons pas, pourtant, nos grands
[aïeux ;
» Car, ils représentaient: *La Logique des Choses* ! »

3 octobre 1876.

A Madame MARIE P*** L***

Confidence.

Madame ! vous avez tous les dons à la fois !
Du cœur et de l'esprit, du talent ! quelle femme
A mieux équilibré ses beaux yeux et son âme ?
Votre chant est divin !... Je rime quelquefois,
De l'idéal du *beau* je tente la conquête !
Veuillez donc accepter, de moi, pauvre poëte !
Ces vers, bons ou mauvais, qui, si vous les lisez,
Vous diront que parmi les douces filles d'Eve
Dont j'ai le souvenir, je n'ai trouvé qu'en rêve,
Le type ravissant que vous réalisez !

26 avril 1875.

A Madame Louise de C***

A propos du 25 Août 1875

Il revient tous les ans, le jour si gracieux
Où l'on fête *Louis*, où je fête *Louise*,
Surtout; car, votre sainte, (un peu la mienne!)
                                              [est mise,
Bien avant saint Louis, sur la liste des cieux?

Louis n'est pas complet; il lui manque une lettre,
Un E muet! Pourquoi muet? un E charmant

Au contraire, sans lui, répondez-moi ; comment
D'échafauder un ver, pourrais-je me permettre ?

Louis est sec et froid ; mais Louise, ô douceur !
Grâce à son E muet, je deviendrai vainqueur
De ma muse, aujourd'hui, passablement revêche !..,

Rimer ressemble fort, quelquefois, à la ... pêche ;
Un nuage survient ; le mot ou le poisson

Se cache ; mais le ciel, d'un rayon se colore,
Et soudain, le goujon ou la rime d'éclore !
Votre E final, madame, est pour moi ce rayon !

24 août 1875.

A Mademoiselle Clotilde C***

A propos d'une Étoile non aperçue

Je crains d'avoir été, fort inconsciemment,
Impoli ! mes yeux sont mauvais, et la personne
Qui passait rayonnait ; sa bonté me pardonne,
(Suis-je bien le coupable ?) un éblouissement !

22 juillet 1875.

A UN AMI DU CŒUR & DE L'ESPRIT

L* L* P*

Proposition de voyage

Caro !
        J'ai lu vos vers, je les relis encore !
Ils sont très-ravissants et m'ont charmé le cœur
Mais, qu'ils m'auraient pourtant, fait un plus grand
                                [bonheur.
Si, prenant en pitié... celui qui vous implore
Ils avaient contenu... (J'en eusse été joyeux !)
« Oui, mon bien cher ami ! La chose est décidée ;

» Pour aller, près de vous, passer une journée,....
» Je partirai demain ! » (Ce soir eût été mieux !)
Mais rien !...

   J'aurais compris qu'à propos de *Venise*,
Alors que vous étiez à *Menton*, vous eussiez
Dit : « A d'autres ma foi ; nos jours sont employés ;
« Nous n'avons pas le temps, mon très cher : *If
[you Please !* »

Mais *Châblis ?* Allons donc ! *Autun* , *Chagny* ,
          [*Moulins*
Clermont-Ferrand (voyez un tantinet la carte !)
Sont fort près l'un de l'autre et rien ne les écarte
Assez, pour en parler comme de lieux lointains !

Je veux bien supposer qu'à la rigueur extrême,
Vos dames, que sans doute escorte un *excédant*,
Pourraient ne pas le faire avec enivrement
Ce voyage à Clermont ; mais en est-il de même
Pour vous ? un simple sac ne vous suffît-il pas ?

Que vous faudrait-il donc pour la si grave affaire
En question? Sinon l'absolu nécessaire ?
Deux chemises, deux cols, une paire de bas,
Quatre mouchoirs... mon Dieu ! que citerai-je
[encore?
... Des rasoirs? Bah ! Pourquoi? nous avons à
[Clermont
De très-nombreux raseurs, artistes de renom
Et dont le corps savant des perruquiers s'honore !
.,. Un casque à mêche, ou bien... un madras, un
[foulard...
... De quoi, mettre de l'ordre en votre chevelure ;
Un peigne ! autrement dit ; et si, par aventure,
Vos... cheveux devaient être arrangés avec art,
Le barbier précité s'en chargerait !
      Donc, maître !
Presque pas de bagage à prendre ; à peine un jour
De chemin à l'aller et pas plus au retour ;
Un à me consacrer, trois en somme! et permettre
A ma main de presser la vôtre ; à votre cœur,

De sentir sous le coup d'une étreinte sincère,
Mon cœur battre ! d'avoir, enfin en vous, un frère.

A bien remercier ! Serait-ce du bonheur ?
Ce bonheur, vaudrait-il ce que je vous demande ?
Je n'ajouterai rien à ma péroraison !
Il se peut, amico, que vous ayez raison ;
Avouez-le, pourtant ; mon éloquence est grande !

Octobre 1874.

EMMANUEL DES ESSARTS

A LA FRANCE

Festival donné par la Fanfare des Sapeurs-Pompiers

Au profit des Inondés du Midi

Quels que soient les malheurs dont l'effrayant
[cortège
Semble ne pas cesser !... qu'un jour l'invasion
Ajoute, au sang versé l'humiliation !
O France ! quel que soit le fléau qui t'assiége !
Qu'un autre jour, après la guerre, un élément
Submerge nos cités ; qu'impitoyablement

A toutes les douleurs tu sois jetée en proie !
J'en souffre autant que tous ; mais aussi qu'avec
[joie
Je prononce ton nom, pays prédestiné
A toutes les grandeurs ! rien n'abat ta constance ;
Vaincu, de tes vainqueurs, tu vaincras l'insolence ;
Amoindri, tu pourras redevenir immense !
Et vers tant de souffrants, ton grand cœur entraîné
Répandra l'or à flots pour guérir leurs misères !

De toi, qui douterait ?... quoi, la Fraternité
En toi ne dirait rien ? quand pour la Liberté
Tes soldats ont lutté, patriotes austères ;
Tes citoyens émus ne s'empresseraient pas,
En face de douleurs si plaignantes, hélas !
D'être aussi généreux ?
     Sacrifier sa vie,
Mourir, quand cette mort est si digne d'envie
Quand d'un rayon de gloire elle entoure un tombeau ;
Certes, je le comprends !
     La France est héroïque :

Son cœur bat haut et fort ; son âme est extatique ;
Donc, tomber et mourir de cette mort stoïque
Et des lauriers au front ; qui le nierait ? c'est beau !

Mais, il ne l'est pas moins de secourir dans l'ombre
Des êtres inconnus que torture la faim,
De combattre sans faste, en ayant dans la main
L'écu qui doit sauver des victimes sans nombre ;

Cet héroïsme-là, France ! nous l'avons tous !
S'il n'est pas éclatant, du moins il est plus doux
Et porte le grand nom de *Charité* ! ses armes
Ne les font pas couler ; mais arrêtent les larmes,
Faites pour le bienfait, le mal ne les suit pas !

Servons-nous, servons-nous de ces engins de vie !
Donnons, la main qui donne est une main ravie.
Une bonne action est de bonheur suivie,
Pour être heureux, donnons ; ils souffrent tant
         [là-bas !

1875.

VICTOR HUGO

A QUIDAM

A propos d'un buste de la République
française

Ainsi, vous flétrissez notre buste historique !
    Le bonnet phrygien
Vous effare ! Pourquoi ? Sans un mot de critique
    Nous les subissons bien
Vos fleurs de lys !... Le sang a rougi notre
                              [emblême !
    Nous le savons, hélas !
Mais le vôtre, monsieur, est-il la blancheur même

Et n'y trouve-t-on pas
Le stigmate sanglant qui vous met en furie,
    Quand il s'agit de nous ?
Soyez impartial, ayez, je vous en prie,
    Beaucoup moins de courroux ;
Souvenez-vous : *Le Roy*, votre seigneur et maître
    Quand il livrait Paris
Au poignard du soldat catholique et du prêtre
    Avait la fleur de lys
Peinte sous l'étendard de sa horde assassine ;
    Votre *Louis-le-Grand*
Oint et couronné Roi, par la grâce divine,
    Versa-t-il pas le sang ?
L'histoire est un autel où la vérité sainte
    Doit à jamais rester
Intacte ; ah, laissons-là pure de toute atteinte,
    Il faut la respecter !
Oublions, oublions ! ayons de la justice,
    Et mutuellement
Sachons nous pardonner, faire le sacrifice

D'un noir ressentiment ;
Souffrez notre bonnet, qui n'est pas plus, en
[somme
Que vos royales fleurs,
Taché de sang ! mon Dieu quand il s'agit de
[l'homme,
Les cruelles erreurs
Et les malentendus passionnés et sombres
Peuvent bien, croyez-moi !
Avoir, autour de lui, projeté quelques ombres ;
Nous excusons le *Roy* ;
Ayez à votre tour pour notre *République*,
Un peu plus d'équité ;
N'accusez pas toujours ; traitez avec logique,
La pauvre humanité !

10 juillet 1875.

A Mademoiselle C. F***

(1835-1875)

Souvenir

Ces vers iront à vous ! Ils sont, mademoiselle,
L'irradiation d'un souvenir vivant,
Le reflet enchanteur et l'écho ravissant
D'un passé, que le temps n'a pas touché de l'aile !
A vingt ans, j'admirais votre céleste voix,
Vos grands yeux, les trésors, en vous mis à la fois,
Par la nature et l'art ! dans mon âme saisie,
Vous versiez des torrents d'austère poésie

Vous étiez l'idéal dont je devais rêver...
.. Toujours ! Et que jamais, je ne pourrais trouver,
Moins imprégné d'azur, de beauté, de jeunesse !
J'en ai soixante-deux et mes beaux jours ont fui !
Mais, ainsi qu'autrefois, vous êtes aujourd'hui
Ma *diva*, l'astre qui sur mon printemps a lui,
Et dont les grands rayons éclairent ma vieillesse !

20 septembre 1875.

A Mademoiselle Delphine C***

Applaudissement

J'aime les bois touffus, la mer, le doux murmure
Du ruisseau babillard, léchant sa rive en fleurs !
Le vallon, le pré vert et les oiseaux chanteurs
Me ravissent; je suis épris de la nature !
Quand je trouve le *beau*, je le prends, où qu'il soit
Pour le chanter !..c'est bien mon *devoir* et mon *droit*!
Mon idéal contient l'esprit et la matière;
La forme a mon amour! mais, que lui préfère
La vague impression dont le principe est l'art !

Que les *Donizetti*, les *Weber*, les *Mozart*,
Les *Gounod*, les *Verdi* sont, pour moi plus sublimes,
Que les monts verdoyants dont les augustes cîmes
Offrent, à l'œil surpris un horizon vermeil
Où miroite le lac, où serpente le fleuve !...
... Les yeux sont satisfaits, oui, oui ! mais l'âme
[est veuve;
Ne lui manque-t-il pas son rayon de soleil,
L'idéal pur ? ... Donc l'art est la beauté réelle,
La musique, surtout, que vous interprétez
Avec un sentiment exquis, où vous mettez
L'élan de votre cœur !
      Ces vers, mademoiselle,
(Vers peut-être indiscrets !) iront à vous !
         Veuillez
Les accueillir avec indulgence ; daignez
Les lire avec bonté !
      Je ne suis qu'un poëte
Obscur, de l'idéal poursuivant la conquête
Et s'imprégnant de tout ce qui peut l'inspirer

Donc, ayant ô diva ! ce qui fait admirer,
Votre voix, vos beaux yeux, votre charmant sourire
Etant des trésors vrais, souffrez qu'on les admire !
Non ! dans votre berceau rien ne fût oublié !
Une fée y mêla l'idéal au plastique
Et fit de vous, un tout enchanteur, presqu'unique
Où la nature et l'art ont chacun leur moitié !

8 mai 1876.

A Madame L. de B*** de C***

Pensée

Madame ! si j'osais trouver que la nature
Est brutale, parfois ; contr'elle m'insurgeant,
Si je ne voulais pas rester intransigeant
Et toujours l'admirer ; certes, je vous le jure !
Je maudirais... un peu ses... beautés d'aujourd'hui !
Il fait un vent affreux, chassant tout devant lui,
Et, si je me maintiens debout, c'est à grand'peine !
Mais, je résisterai ; sa force sera vaine ;
Car, j'ai pour m'arcbouter, le souvenir vainqueur

Que précieusement je conserve, madame,
De votre esprit charmant, et de vos yeux de flamme !
Force vraie et qui seule est ce qu'oppose l'âme
A tous les coups de vent du ciel et ... du malheur !

Dimanche, 19 mars 1876.

A LA MÊME

Seconde pensée

Madame !
        Au bon vieux temps, quand le gai trou-
                                      [badour
Allait, de ses doux vers, charmer la châtelaine,
De l'antique manoir, il partait l'âme pleine
De mille souvenirs, l'invitant au retour !
Vous avez bien voulu trouver, faveur insigne !
Que mon pauvre treizain de *mars*, me rendait digne

D'en rimer un second;

    Ce treizain, le voici !

Vous plaira-t-il encor ? Dans ce cas là, merci !
Mais, c'est surtout à vous, et si bonne et si belle,
Que je devrai ce *bis placent repetita* !
Qu'est le faiseur de vers, en effet ? rien ! s'il n'a
Dans l'esprit, dans .. le cœur, ce qui toujours sera;
Et du bon et du beau, les plus parfait modèle !

 24 juillet 1876.

A Madame MARIE V***

Applaudissement

Madame !
 A vous ces vers ; hier, quand vous chantiez,
Rêveur, je les sentais naître dans ma pensée ;
La rime, à me servir, se montrait empressée ;
Je ne la cherchais pas ; non, vous me l'inspiriez !
Il s'agissait de vous, en effet, et sans peine,
Je trouvais, ô diva ! que votre voix est pleine,
De ce que la nature et l'art, ont de meilleur ;

Qu'en vous, tout est charmant, qu'en vous, tout est
[vainqueur,
Que votre esprit est fin, qu'extatique est votre âme,
Que votre talent vrai, peut faire, tour à tour,
Frémir, quand vous peignez un pathétique amour,
Sourire en exprimant l'ironie et *l'humour*,
Eclater les bravos, pour l'artiste et la femme !

12 mai 1876.

A GUSTAVE BERNARD

A TRAVERS RUES

Souvenirs rimés

LU A LA SOCIÉTÉ D'ÉMULATION DE L'ALLIER

Le 3 Décembre 1875.

LIGNES PRÉALABLES

Moulins est l'une de mes villes de prédilection ;

Les liens précieux qui m'unissent à elle, en ont fait, depuis longtemps, la succursale de mes affections de famille et d'amitié !

Ma récente et honorable affiliation à la Société d'émulation rend ces liens plus étroits encore.

Grâce à une hospitalité des plus cordiales, j'y ai dernièrement passé quelques jours, durant lesquels l'occasion s'est présentée, pour moi, de mêler mes impressions des yeux à mes souvenirs du cœur !

Les vers que je vais avoir l'honneur de lire, sont l'expression de cette impression sentimentale et critique.

A TRAVERS RUES. — SOUVENIRS RIMÉS

Tel est le titre de ce petit travail spécialement écrit pour la *Société d'Emulation de l'Allier*, et à elle offert, en remerciement de sa bienveillance extrême.

Puisse-t-il avoir l'excellente fortune de lui plaire et le bonheur de me valoir, de mes nouveaux et chers confrères, un peu de leur précieuse sympathie !

L. C.

A TRAVERS RUES

Souvenirs rimés

Messieurs !
      Vive *Moulins* ! Cette ville charmante,
Où tout me satisfait et l'esprit et les yeux !
Je l'aime d'autant plus que, souvenirs pieux,
Sympathiques objets d'une douleur poignante,
Sanctuaires du cœur, s'y trouvent deux tombeaux
Où reposent, hélas ! regrets toujours nouveaux,
Les corps de trois amis disparus avant l'heure

Et tombés dans la mort !... leur dernière demeure ?
Non !.. Car la mort n'est pas de l'ombre, seulement,
De sereines clartés y mêlent leur lumière !
Et quand, de ces tombeaux, rêveur, presqu'en
[prière,
Je lis l'inscription à mon regard si chère,
Chacun des noms inscrits, m'est un rayonnement !

Me pardonnerez-vous cette austère pensée ?
Oui ! oui !., vous comprenez trop les choses du cœur
Pour ne pas trouver bon, qu'avant d'avoir l'honneur
De vous lire ces vers, une dette sacrée,
A trois âmes ! par moi soit payée aujourd'hui ;
Oui ! .. car malgré le temps qui, sans relâche, a fui,
Je me souviens, messieurs ; et ma douleur fidèle
A voulu, dès l'abord, ici vous parler d'elle !

Mais, le temps n'est-il pas une diversion
Puissante ; qui guérit les plus amères choses ?

Ne fait-il pas tomber les épines des roses;
Et faut-il, à jamais, prendre des airs moroses,
Pour apporter aux cœurs, la consolation ?

Le lendemain d'un soir mauvais a son aurore !
Et mon sujet, d'ailleurs, chers confrères, n'est pas
Le développement d'un lamentable hélas !

Très-cordialement je le redis encore:
Vive et vive *Moulins* !
      Ailleurs ce qui serait
De l'ombre, en lui rayonne ! et rien ne m'y parait
Ni commun, ni banal ! toute chose et tout homme,
S'y montrent distingués, corrects et parés comme
Pour souhaiter sa fête au visiteur ; ses cours
Ombreux sont ravissants ; de ses maisons exquises
S'échappent, vaguement, des senteurs de marquises,
Son *Palais de Bourbon*, son *beffroi*, ses églises
Sont autant de joyaux que durant les cinq jours

Dont je dois le bonheur à ma bonne fortune,
J'ai vu, revu ; mais, sans pourtant jamais avoir
Pleinement satisfait mon désir de les voir !

Je reviens donc ! suivi de ma muse ... importune ,
Peut-être ! Et je prendrai, d'abord, la liberté
De vous remercier d'avoir, par vous, été
Désigné comme l'un de vos ... humbles confrères !
Merci !.. ne comptez pas, pourtant, sur mes lumières;
Je ne suis qu'un poëte obscur ! mais, s'il vous faut
Une foi vive, un cœur ardent et qui palpite
Pour le *grand* et le *beau* dans l'art , mon seul mérite
Sera sans vanité, je l'affirme bien vite,
De les préconiser et de les porter haut !

L'art quel qu'il soit, d'ailleurs : peinture, poésie,
Architecture ; tout ce que l'esprit humain
Conçoit avec amour et confie à la main
De l'artiste chargé, dans notre âme saisie

En passant par le *beau* pour aboutir au *grand*,
De fixer l'idéal !
              Précieux excitant,
Le modèle artistique, en votre ville, abonde !
Vous exploitez si bien, cette mine féconde
Pour construire avec goût, pour mêler avec art
L'agréable à l'utile et pour charmer la vue,
Que la place publique et l'impasse et la rue,
Ont une attraction, ailleurs, presqu'inconnue,
Et que ... L'*égoût* lui-même, y flatte le regard !

Dernièrement, j'ai donc passé, je vous assure,
Cinq beaux jours à *Moulins* où vaguant çà et là,
Dans un certain quartier, je me disais : voilà
Une petite porte à la bien tendre allure ;
Dans un autre , trois noms m'y rappelaient trois
                                    [cœurs
Allant tout droit au mien ! de mes yeux quelques
                                      [pleurs
Coulaient silencieux quand je longeais la rue

Q'autrefois habitait la pauvre disparue
Dont mon âme, malgré le temps garde le deuil ;
A l'angle d'un trottoir où je lisais *Saint-Pierre*
M'arrivait un surcroît de souvenance amère !
... A quelques pas de nous, une maison m'est chère,
Et mon cœur bat, alors que j'en franchis le seuil !

Mais, je ne voudrais pas, par un triste mélange,
Assombrir mon bonheur d'être au milieu de vous !
Pourtant, n'est-il pas vrai, ne savons nous pas tous
Que remonter la vie est un besoin étrange
Du cœur ?
   Et cela dit, je poursuis !
       Un matin,
Flâneur sentimental, longeant les cours d'*Aquin*,
De *Doujat*, de *Paris*, la magistrale voie ;
Parle cours de *Bercy*, la berge qui cotoie
L'Allier, dont le courant d'azur resplendissait,
Je parvenais au *Pont*, qui paraît à distance,
Fixé dans un chignon géant, un peigne immense !

(De ma comparaison, excusez la licence,
Pour mon *peigne*, soyez indulgent s'il vous plait!)

Et du *pont* descendant par le cours *La Vieuville*,
Je prenais, de l'*Oiseau*, le nouveau boulevard
D'où.. (dix heures sonnant, j'étais presqu'en retard)!
Quoique fort empressé de regagner la ville;
Mais, un peu dérouté ; je parvenais, pourtant,
Sans encombre au *Théâtre* ; et me reconnaissant
Sur mon terrain ! sauvé, me disais-je ! et rapide,
Allant par trop à gauche, hélas ! sans tourner bride
A droite!.. j'arrivais sur la *place d'Allier*;
Prenais allégrement deux élégantes rues,
D'élégants magasins, abondamment pourvus,
Atteignais, régions par moi fort bien connues,
La place de *l'Horloge* où rayonne *Rouzier*!
Et touchais presqu'enfin le port!
       L'*Hôtel-de-Ville*
Souriant, m'invitait à passer; j'y prenais
Un charmant raccourci pour rentrer, et trouvais

7.

En sortant, spacieuse et d'un accès facile ,
Une place correcte et ravissante à voir ?

La *Poste* est là (mots blancs sur un écriteau noir)!
Elle a pour vis-à-vis exact, la librairie
Desrosiers, nom fameux à qui l'imprimerie
Du Bourbonnais, doit plus d'un chef-d'œuvre im-
[portant;

... Eh bien! après avoir traversé cette place
Coquette de tous points ; que trouve-t-on en face ?
Un mur affreux, un mur,.. ennuyeux qui vous glace
Et brave, sans pudeur, ce qu'en dit le passant !

Ce très malencontreux mur est la seule chose
Que j'aie, à *Moulins*, vue avec peu d'agrément;

Quoi, chers confrères! vous avez un monument
Peut-être sans pareil! (me dise non, qui l'ose !)

Votre *Palais Ducal*; *Notre-Dame* sera
Superbe! déblayée elle présentera
Un mélange artistique et neuf... quoique bizarre;
Votre *Saint-Nicolas* est une église rare ;
Votre petit *théâtre* est construit avec goût !
Je pourrais ajouter que votre *Hôtel-de-Ville*
Est l'un de ces hôtels qu'on distingue entre mille !
.. Et votre *square*? ... mais, il me serait facile
De rimer bien des vers, sans arriver au bout
De ce que j'aime ici ; tenez, citons encore...
...(Moins un espace nud, à l'entrée,) un charmant
Pavillon renaissance et dont fort peu souvent,
En dépit de l'espace affreux que je déplore,
J'ai rencontré l'égal !.. contenant, contenu ;
Tout en est ravissant et je n'ai jamais vu
Rien, qui d'un cercle soit le plus parfait modèle !

Vous avez tout cela ! séduisant pêle-mêle
D'élégantes beautés; vos hôtels, vos maisons
Vos monuments, bijoux que tout le monde admire

Font de mon cher *Moulins* une ville-sourire,
Et vous gardez ce mur ?
                    Mais, laissez-moi vous dire
Que pour l'abattre il est mille et mille raisons
De goût, d'utilité que je vais me permettre
De formuler ici !
               D'abord, ce mur est laid;
Il blesse l'œil, messieurs, et la laideur déplaît !
En second lieu, voyez ce quidam ; il veut mettre
Une lettre à la poste et l'heure pour cela
Le talonne!... bientôt le courrier partira !
Supprimons le grand mur dont... l'horrible présence
L'empêche de passer, il aurait eu la chance
De jeter au guichet, avant l'instant fatal
Sa lettre... qui contient, peut-être une nouvelle
Importante... ou mon Dieu !... discrètement recèle
Un cri du cœur, un mot d'amour!.. mais je me mêle
Messieurs, de ce qui m'est parfaitement égal,
En somme !
           Cependant, de votre *Hôtel de France*,

Très-gracieux hôtel, situé *cours d'Aquin*,
Pour aller à la poste, il existe un chemin
Dont, le trop susdit mur allonge la distance
Le quidam précité fait alors un détour
Qui peut, soit retarder son doux envoi... d'amour,
Soit à ses intérêts porter un coup funeste,
Et cela grâce au mur impassible, qui reste
Debout, et malgré tout, persiste !
       Veuillez donc,

Dans ce mur condamné, faire mettre la hache ;
Pour un si beau quartier, ce mur est une tache !
...Ne trouvez pas surtout, messieurs, que je rabâche!
Dans tous les cas, ici, j'implore mon pardon
En faveur de ces vers que m'a dictés ma muse,
Bien votre, désormais !.. Oui, toujours, et toujours,
Moulins sera ma ville et mes chaudes amours !
... Cette affirmation me servira d'excuse !
Car, et je vous le dis, messieurs, en finissant,
Je n'ai fait que rimer ce que mon cœur ressent ;

Ces vers sont un miroir qui reflète mon âme!
Et quoiqu'ils soient surtout badins, en traits de
[flamme,
Certains regrets y sont traduits : j'ai cru pouvoir
Y mêler quelques mots de douleur, d'espérance,
Ne faut-il pas, aussi, penser à la souffrance?
De leur modeste auteur la douce récompense
Serait que vous veuillez bien lui dire : *Au revoir!*

24 novembre 1875.

A propos d'un Tableau de Psyché

Par Amaury-Duval

SONNET D'UN AMI

(HIPPOLYTE GOMOT)

Psyché ! voici le jour ! hier ta chasteté
Resplendissait, en toi, comme une douce aurore !
Une nuit a suffi pour mûrir ta beauté,
Comme la fleur qu'un ciel trop ardent fait éclore !

Le soleil sort des cieux et son rayon discret,
De sa molle lueur doucement te colore !
Au nom de ton amant, en messager secret,
Il sacre ta beauté qui s'ignorait encore !

Mais ton sein palpitant laisse battre ton cœur ;
Ton œil voluptueux cherche le Dieu vainqueur ;
Ta bouche frémissante auprès de toi l'appelle !...

Qu'importe que Vénus l'empêche de venir
Si ton corps, à jamais, vibre à son souvenir,
Si ton front doit garder la divine étincelle !

H. G.

19 mars 1875.

A Hippolyte GOMOT

Réponse

Qu'est la Psyché? du beau le classique modèle!
Vous en avez traduit le céleste idéal
En des vers si charmants, que le peintre *Duval*
Dirait, s'il les lisait, mais, la voilà, c'est elle!

Et je répondrais, moi! certes la toile est belle ;
Mais; quel que soit, d'ailleurs le talent magistral
Du peintre; le poëte est son heureux rival;
Car la beauté rêvée, est la beauté réelle!

Le mot n'est pas plastique ; il n'a pas la couleur,
La forme ; en va-t-il moins pour cela droit au cœur ?
Non ! Et votre sonnet ailé, m'en est la preuve !

Je connais le tableau que vous m'avez décrit ;
Mais, en le comparant à vos vers, mon esprit
N'y trouve rien qui plus profondément l'émeuve !

<small>20 mars 1875.</small>

1ᵉʳ SONNET D'UN AMI

A propos d'un envoi de poésie

Si j'avais, comme vous, l'art d'écrire un sonnet ;
Je dirais le plaisir qu'on trouve à votre livre,
Où tout est harmonie et dont le charme enivre,
Par une rime riche et le ver doux et net ;

Montrez-moi les sentiers où la muse se plaît ;
Car, il manque à mes chants cet esprit qui fait
[vivre ;
Comme l'hiver, ma voix ne souffle que du givre ;
Tandis que sous vos pas, on sent la fleur qui naît !

Il semble que pour vous l'haleine de *Pétrarque*
Enfle la blanche voile et gouverne la barque
Où le cœur toujours jeune, enchaîne les amours !

Le soleil de *Provence* éclaire votre lyre ;
Aussi, quand un moment je m'amuse à vous lire ;
Je crois entendre, au loin, l'écho du troubadour !

E. F.

8 mars 1875.

A. E. F.

Réponse

Ami ! qu'êtes vous donc ? avocat, médecin,
Juge ; en tout cas, en vous, domine le poëte !
Vous avez tout ; le cœur et l'esprit, et la tête
Et de vos qualités qui trouverait la fin ?
Ce ne serait pas moi, dont la bonne fortune
M'a fait vous rencontrer et chérir, en vous, l'une
Des âmes où le ciel a mis un tel trésor,
Qu'on pourrait le fouiller avec joie et sans peine

Sans que mon cher F... de la féconde veine,
Des merveilleux filons dont votre mine est pleine,
A tout coup et sans cesse, on ne trouvât de l'or!

11 mars 1875,

2me SONNET D'UN AMI

Vous me flattez, ami, ma seule mine d'or
Est, de me contenter du sort le plus modeste!
Ainsi le pauvre est riche, et sûr de son trésor;
Mon dévouement, deux fois, affronterait la peste !

Si la déesse aveugle est, de tous, le mentor,
L'amour de mon prochain, comme un flambeau
[céleste,
Fut mon guide à la mer ; il me soutient encor
Dans mon œuvre de paix, pour le temps qui me reste!

Les passions du monde ont chez moi, peu d'accès;
Mais, j'ai là, pour amis, quelques livres à lire,
Et je me surprends même à tenter d'en écrire!

Les vers que j'ai rimés ne briguent nul succès;
En hibou de la fable, admirant ma famille,
J'ai l'amour plus discret et tiens peu qu'elle brille!

E. F.

21 mars 1876.

A E*** F***

Réponse

Hibou? soit! puisqu'ainsi votre sonnet vous nomme!
Mais un hibou charmant de plumage et de voix!
L'un des oiseaux complets, possédant à la fois
Toutes les qualités que peut réunir l'homme!
Bien cher ami! j'ai lu votre joli sonnet;
Il me plaît fort; pourtant, j'affirmerai tout net,
Que si la modestie est une bonne chose,
Il ne faut, cependant, pas en charger la dose,
Et reléguer, ainsi, des trésors dans un trou!

Les votres, selon moi, sont dignes de paraître!...
... A vos vœux, cependant, je saurai me soumettre
A propos de vos vers!
Bonsoir, mons le hibou !

22 mars 1876.

AU VICOMTE DE MATHAREL

de l'Académie de Clermont

LE PUY DE DOME EN 1875

POÈME LU A L'ACADÉMIE DE CLERMONT

Le 1ᵉʳ Juillet 1875

LE PUY DE DOME

En 1875

AVANT LECTURE

Un splendide débris a été découvert sur le sommet de notre puy de Dôme.

Malgré la formalité conservatrice, souvent nécessaire, à laquelle on a cru devoir le soumettre, tout l'honneur de sa découverte revient à l'Académie de Clermont, dont l'initiative a enrichi le département, la France et le monde savant d'un trésor archéologique de la plus grande valeur.

Les hommes compétents de notre compagnie ont concouru à la direction intelligente des travaux qui ont mis au jour cette ruine, commentée, étudiée et expliquée par eux.

Je viens, à mon tour, lui apporter mon tribut d'admiration exclusivement platonique, hélas! mais, non moins enthousiaste et convaincue.

Notre confrère, M. le vicomte de Matharel, a eu la bonté de me suggérer l'opportunité des vers que précèdent ces lignes, et j'ai l'honneur de les lui dédier.

Puissent-ils avoir la bonne fortune de plaire

à cette Académie, dont les membres sérieusement travailleurs, voudront bien trouver dans ce travail l'expression de ma reconnaissance pour le nouveau fleuron qu'ils ont ajouté à sa couronne!

L. C.

LE PUY-DE-DOME EN 1875

I.

Que de fois, ô grand mont ! ai-je gravi ta cime
Dont mille et mille fleurs émaillent le gazon !
Que de fois, embrassant ton immense horizon,
Rêveur, ai-je admiré, panorama sublime,
Tout ce que la nature a de plus rayonnant :
Les moissons, les prés verts aux clochers se mêlant,
Cent villages épars, l'*Allier* au flot rapide,
Le *Lac d'Aydat*, *Clermont* et son antique abside !
Thiers, nid d'aigle; *Bourdon*, essaim industriel

Que signalent ses tours, fumeux quadrilatère !
Montferrand, Beauregard, Royat, Beaumont, Au-
[*bière,*
Pont-du-Château, Le Crest, et brillants de lumière,
Les monts *foréziens* semblent s'unir au ciel !

II.

Riom et *Tournoël,* ruine à l'aspect sombre !
Randan et son château princier, un objet d'art
Dans un écrin de fleurs, d'où, plongeant, le regard
Suit du cours de l'*Allier* les méandres sans nombre,
Plus bas, le *Bourbonnais,* à gauche *Sarcouys*
Pariou; *Côme,* enfin, et la chaîne des puys,
Qui, cratères éteints, semblent fumer encore !
A droite, les grands pics du verdoyant *Mont-Dore!*
Sancy, qui de nos monts d'Auvergne est le plus haut,
Derrière, au second plan, l'œil enivré s'arrête
Sur la douce oasis, ce berceau d'un poëte,
D'où l'homme a fait surgir, précieuse conquête
Du travail, un trésor ; j'ai nommé *Pontgibaud !*

III.

Caressons du regard le cercle gigantesque
Que trace, en s'éloignant encor, cet horizon ;
Estompés par la brume ou dorés d'un rayon,
Apparaissent au loin, imperceptibles presque,
Amoindris, nivelés par notre piédestal :
La *Corrèze* l'*Allier,* la *Creuse*, le *Cantal*
Dont les plaines et les montagnes confondues,
Simulent une mer aux vastes étendues,
Un *Léman*, ayant tout, moins la mobilité
Du flot, sa passion, sa colère vivante,
Mais où l'œil peut trouver, perspective charmante !
La verdure, les fleurs, tous les trésors qu'enfante
La terre, autre océan par son immensité !

IV.

L'Océan, ai-je dit ?... Un jour, spectacle étrange ;
Le vent soufflait !... Autour de notre puy géant
Tourbillonnait la nue ! Un soleil rutilant

Eclairait son sommet! Grandiose mélange,
En haut le ciel ; en bas les vagues d'une mer
Houleuse, recouvraient la moisson, le pré vert,
Panorama mouvant, dont j'avais le vertige!
Des groupes de maisons, pas le moindre vestige,
Je n'apercevais plus, du nuage émergeant,
Comparables aux mâts d'un navire qui sombre,
Qu'un clocher, qu'un grand arbre à la verdure
[sombre,
Se dressant dans l'espace et projetant leur ombre
Sur les flots onduleux de cette mer d'argent!

V.

Est-ce tout? Non! Hier, tes beautés naturelles,
Ce que ton horizon a de magique, étaient
Ta seule attraction ; mais tes flancs recélaient,
O Puy de Dôme altier, sous les fleurs éternelles,
Un trésor du passé, ruine qu'aujourd'hui,
Avec amour et foi vient, admirer celui

Que, savant ou penseur, préoccupe l'histoire !...
On creusait à propos de cet Observatoire
Dont un sagace esprit sera le créateur !
Le bras de l'ouvrier faisait son œuvre sainte,
L'outil dont il était armé traçait l'enceinte
Du monument futur; quand d'une époque éteinte,
Ce bras inconscient est le révélateur !

VI.

Là, gisait sous le sol, à deux mètres à peine,
Un temple somptueux, œuvre du peuple roi !
Enigme, question de pierre, obscur *pourquoi*,
A qui les *parce que* de la science humaine
Que vous représentez, devaient répondre un jour
Grâces à vous, Messieurs, le passé n'est plus sourd !
Et vous avez vaincu des siècles de silence !
Le grand ressuscité sort de la fosse immense
Où ses enfouisseurs le couchèrent vivant !
Aucun bruit ne sortait de sa tombe muette ;
Le colosse dormait sur son énorme faîte,

Et l'orage grondait, et hurlait la tempête,
Et la foudre tombait et gémissait le vent!

VII.

Rien, rien! le temps passait sur lui; la fleur vermeille
Eclosait ; à ses pieds, l'oiseau faisait son nid,
Le pâtre y conduisait le troupeau qui bondit,
Et mille bruits d'insecte y ravissaient l'oreille !
Rien !.,, Mais un jour, le pic, cet émancipateur
Pénètre jusqu'à lui; le hasard ?... Non, l'honneur,
En cela, qui revient à notre Compagnie,
Repousse le hasard, mot brutal que je nie ;
Car, la logique est dans les choses de l'esprit !
C'est elle, du passé, qui déchire le voile,
C'est elle, après mille ans, qui découvre une étoile,
Le mot libérateur qu'a toujours sur sa voile
Le vaisseau du progrès, est par sa main écrit !

VIII.

Ce mot est l'un de ceux qui, restés couverts d'ombre ;
Emancipation, lumière, liberté,

Resplendissent un jour d'une sainte clarté
Après un long sommeil et des siècles sans nombre!
Rien pour l'esprit humain, n'est à jamais perdu ;
Ce mot de l'avenir, Messieurs, vous l'avez lu,
La science est la sœur auguste de l'histoire,
Et le flambeau de l'une éclaire la nuit noire
Qui, de l'autre, semblait entourer pour toujours,
Le précieux témoin d'un temps bien loin des nôtres !
Honneur à vous, savants et courageux apôtres!
Tous les secrets du ciel, vous les avez faits vôtres !
Du fleuve du passé nous remontons le cours!

IX.

Nous, c'est-à-dire vous ! car la grande conquête
Qui, déjà, de l'Auvergne, est l'illustration,
Vous appartient.... Pour moi, mon érudition
Se récuse ; en effet, je ne suis qu'un poëte,
Et le nom d'érudit ne me conviendrait pas !
Des choses du passé, pourtant, je fais grand cas,
La science à mes yeux est inappréciable,

Tout ce qu'elle produit me paraît admirable ;
Mais rimeur exclusif, je connais peu la loi
Savante qui permet d'asservir l'atmosphère !
Et quoique je ne sois qu'un bien pauvre antiquaire,
Ce grand débris m'inspire une pensée austère,
Vous l'avez découvert, il me fait rêver, moi !

X.

Pensif et déduisant les effets de leurs causes,
Restaurant, par l'esprit, ce hardi monument,
Ce temple, qui n'est plus qu'un vaste écroulement !
Rapprochant le berceau de la tombe des choses !
Je me dis, je me dis ! « Voilà donc ce qui fut
» Vénéré, sacro-saint... La ruine est le but
» Auquel le destinait la fatalité sombre !
» Les populations accouraient en grand nombre
» Adorer ce dieu fort, Mercure arvernien,
» Qui radieux, trônait sur notre Puy de Dôme !
» Mais, ce que l'homme a fait, trouve souvent dans
[l'homme

» Un destructeur fatal : où sont les dieux de Rome;
» Rayonne-t-il encor, le grand Olympien?

XI.

» Qu'est aujourd'hui l'Egypte? une tombe! la Grèce?
» Un souvenir ! l'Asie ? un rêve ! Les rayons,
» Qu'ont jetés sur le monde ancien ces nations,
» Sont des rayons éteints, mais que le présent laisse
» Mystérieusement, scientifiquement,
» Eclairer le passé, faire l'étonnement
» Des générations que l'avenir entraîne !
» Ne leur demandons pas une pensée humaine,
» Ce dieu bizarre, assis sur son haut piédestal,
» Qu'est-il ? Un mythe affreux, une obscène figure
» Mi partie animal à l'étrange encolure,
» Un bœuf, symbolisant, la terre, la nature !
» La matière toujours, et jamais l'idéal !

XII

» Or, l'idéal conserve et la matière tue !
» Le verbe humain est un oiseau, son vol ardent

» Franchit l'espace avec la liberté du vent,
» Et son aile détruit l'immobile statue,
» Divinité d'hier qui deviendra demain
» Un obscur objet d'art, fait de marbre ou d'airain,
» Découvert, commenté par une main amie,
» Savamment exhibé dans une académie,
» Perdant ainsi le ciel, sa demeure jadis,
» N'ayant plus son Olympe et nudité brisée
» Par de... chastes marteaux, tombant dans un
[musée !
» A paraître en public déesse autorisée,
» Dieu vendu par des Juifs, ces brocanteurs maudits!

XIII.

» Et je ne voudrais pas, moi qui suis un apôtre
» Du principe divin, ces contradictions ;
» Je ne voudrais pas voir les générations
» Après les Dieux tombés, en évoquer un autre !
» Mon Dieu, c'est l'immuable ! Il aurait un autel
» Absolu, surhumain, sans partage, éternel,

» Avec ces trois grands mots au fronton : à *l'idée !*
» Je voudrais que vers lui l'humanité guidée
» Pût s'incliner, prier, admirer, adorer !
» Sans n'y trouver jamais que la céleste image
» Du *beau*, du *vrai*, du *grand*, viril et doux visage
» Accessible, et n'ayant pas le fatal nuage,
» Dont on s'est tant servi pour le défigurer !

XIV.

» Idéal ! Idéal ! Sans toi, rien ne persiste !
» Nous avons beau creuser ; une main peut toujours
» Combler le vide fait, édifier des tours ;
» Cette main peut encor nous prouver qu'elle existe
» En abattant ici, comme elle a comblé là !
» Quand une chose vit, c'est que l'homme y mêla
» Ce qu'il a d'immortel et de divin, son âme ?
» Triple airain, que jamais l'ongle du temps n'en-
[tame
» Fortification invisible ! et pourtant
» Quoiqu'on n'y trouve pas le ciment et la pierre,

» Tellement à l'abri des armes de la terre,
» Que de ses ennemis elle accepte la guerre,
» Et brave, sans péril, leur effort impuissant.

XV.

» Les chrétiens ! nos fervents aïeux des catacombes,
» Avaient cet idéal ! Rêveurs, ils élevaient
» Un autel à la vie, et convaincus, allaient
» La propager, là même où se trouvaient des tombes !
» La mort les entourait, funèbres ornements,
» Les parois de ces lieux, étaient les ossements
» De la Rome païenne; une croix, signe auguste !
» Seule était appendue, et, par la mort d'un juste,
» Témoignait de leur droit à l'immortalité !
» Rien de plus ! Une croix de grossière apparence,
» Un objet dont le nom était presqu'une offense,
» Un emblème avili; mais, cependant immense,
» Puisqu'au monde, il devait donner la liberté ! »

9 mai 1875.

A. ESTIVAL

AU PUBLIC

A propos d'une représentation à bénéfice

Mesdames et Messieurs !
      Il est un mot charmant
Dont nous accueillons tous la magique influence ;
Ce mot, chacun de nous en subit l'influence,
Et comme un mot sauveur, l'épelle tendrement ;
A son attraction, personne ne résiste ;
Le *marchand*, l'*avocat*, le *médecin*, l'*artiste*

Trop platoniquement, aimeraient, j'en convien
Le public, s'ils devaient des quatre lettres : *Rien* !
Tirer leur seul profit légal !
                         En toute affaire,
Le client plait ! on aime à vendre à celui-ci,
A défendre, à guérir certains autres ; mais, si
Ces clients ne payaient qu'en répondant : merci !
L'*avocat* n'aurait-il pas mieux fait de se taire,
Le *marchand* de rester immobile devant
Le comptoir qui contient sa précieuse étoffe ;
Le *médecin*, de voir toujours en philosophe
Impassible, les maux d'autrui, sans d'un savant
Conseil les soulager, ou d'un coup de lancette
Au bras, d'un flux de sang débarrasser la tête ?
L'*artiste* de ne pas exagérer l'honneur,
D'être applaudi ?
                    Mon Dieu, cet excitant vainqueur
A son prix, cependant, à la nature humaine
Un mot ne suffit pas ; certes, l'abstraction
Est excellente en soi ; l'honneur est un rayon ;

Mais, ce rayon n'est pas seul la condition
A laquelle on peut vivre et supporter sa chaine !
A l'homme, il ne faut pas *mieux*, mais, *plus* !
                    [Je ne viens donc
Vous dire que bientôt (combien je serais fière
De vous voir accueillir la très-humble prière
Par ces vers adressée au public de Clermont),
Que jeudi, dans trois jours, la semaine prochaine,
Pour que de vrais amis, cette salle soit pleine,
Et que pas un d'entr'eux ne manque au rendez-
                                    [vous,
Un programme attentif les y conviera tous !
Mesdames et Messieurs !
                    Pourquoi cette réclame,
Allez-vous demander ; la réponse est, ma foi,
Bien délicate à faire ; en effet, le mot : *moi* !
Est (mot suspect!) en somme , au fond de ce pour-
                                    [quoi?
Je dirai tout, pourtant ! oui, Monsieur, oui Madame !
Oui spectateurs aimés ! apprenez que jeudi,

Nous aurons (composé de soigneuse manière)
L'honneur de vous offrir (et puisse-t-il vous plaire?)
Un spectacle de choix !
                    Veuillez, pour le jour dit,
Retenir, chez *Delcros*, vos places à l'avance ;
Ne vous exposez pas à la mauvaise chance
Que courent, trop souvent, hélas ! les peu pressés ;
Aux stalles, aux balcons vous serez bien placés,
Et cela, moyennant un petit sacrifice ;
Rien pour vous, tout pour moi !
                    Donc, ici vous viendrez
Jeudi soir, j'en suis bien certaine, et vous serez
Tous bénis, Messieurs, car, vous réaliserez
L'espoir d'un mot charmant, ce mot est : *Bénéfice* !

20 janvier 1876.

A JULES SIMON

de l'Académie Française

LA MORT C'EST LA VIE

Dialogue en vers

Lu à l'Académie de Clermont, le 6 janvier 1876

AVANT PROPOS

La mort est, à coup sûr, le plus intéressant phénomène physiologique soumis aux méditations de l'homme!

Qu'est-elle, en effet?

Une disparition *absolue* ou *relative*, *définitive* ou *momentanée*.

Dans les deux hypothèses, que deviennent réciproquement l'*esprit* et la *matière*, unis durant ce qu'on appelle la Vie, disjoints après ce qu'on appelle la Mort?

De nombreuses théories ont été, à cet égard, formulées.

Je vais avoir l'honneur d'exprimer la mienne... en vers, ma forme préférée.

Scientifiquement, je ne suis ni un métaphysicien, ni un théologien, ni un philosophe, mais seulement un rêveur ! tâchant d'approfondir les choses librement et par lui-même, sans rien emprunter pour cela aux opinions d'autrui.

La Mort c'est la Vie ! c'est-à-dire, au point de vue divin, tel que je le comprends : l'*Immortalité!*

L'une de mes lectures de 1874 : *Panthéos*, dédiée à mon excellent ami *Laurent Pichat*, présente avec celle-ci quelques points de contact.

Dans le premier travail, j'ai mis en regard le *Divin* et l'*Humain*.

Dans le second, je juxtapose la *Vie* et la *Mort*, et mes deux conclusions sont identiques.

Elles pourraient se résumer par un grand mot : *Excelsior !*

Qui de nous, en effet, n'entend pas une voix intérieure et permanente, lui dire : *Plus haut, plus haut encore !*

Ce dialogue a été offert à M. *Jules Simon* qui, par la lettre suivante, a bien voulu en accepter la dédicace.

« Cher Monsieur,

» Je vous remercie de m'avoir dédié vos beaux vers
» et je vous remercie aussi du souvenir affectueux
» que vous me gardez depuis si longtemps.

» Vous avez raison, mourir c'est vivre ; mais j'ajoute-
» rai : avoir des amitiés fidèles c'est vivre aussi.

» Tout à vous.

» Jules Simon. »

Le sujet n'en est pas gai ; mais entre la gaieté et la tristesse une place ne pourrait-elle pas être réservée à la mélancolie, impression nullement répulsive, selon moi, et qui, mêlant quelques rayons à ses ombres, laisse pénétrer jusqu'à nous les consolations de l'espérance.

L. C.

LA MORT C'EST LA VIE

DIALOGUE

L'HOMME. — LA MORT.

(Un cimetière éclairé par la lune. — L'homme est accoudé sur une tombe. La mort paraît. — Robe traînante et long voile noir),

L'HOMME (apercevant la Mort)

O sombre Mort ! qu'es-tu ?

(A la Tombe).

Mystérieuse tombe ;
Quel est ton dernier mot ? L'homme, quand il y
[tombe,
Trouve-t-il, dans ta nuit, les rayons d'un soleil ?

Son immobilité froide a-t-elle un réveil ?
Ou bien, d'ombre vêtu, couché dans une bière,
Son corps doit-il rester à tout jamais poussière ?
Au ver livré, n'avoir pour but que le néant,
Et mourir tout entier ?

LA MORT.

Non...! Un mot effrayant
Mais que tu comprends mal! —Un nuage qui passe
Et ne fait qu'obscurcir! —Une main qui n'efface
Les choses du présent que pour les remplacer,
Un moteur éternel que rien ne peut lasser,
Un mouvement constant!... Telle suis-je; la Vie
Est l'un des grands côtés de ton âme ravie;
Mais sans l'autre, sans moi, tout serait arrêté,
Et c'est la mort qui fait vivre l'humanité!
L'enfant naît! l'aïeul meurt!... Balance inévitable,
Pondération dont la nature est comptable;
Quand l'un vient, l'autre va, pour aller à son tour,
Et qu'est la Mort? Sinon cet incessant retour,

De ce qui disparaît pour reparaître encore?
Le soleil du matin est imprégné d'aurore !
Ses rayons empourprés s'obscurcissent le soir ;
En existent-ils moins quand l'horizon est noir?
Non !... Ainsi de la Vie, et qu'est-elle ? un mélange
Harmonieux de tons, un clair obscur étrange,
Mais elle *est* !... Et malgré les tombeaux apparents
Nuls en réalité ! je rends ce que je prends !
Car *rien* n'existe pas ! Car il en est de l'homme
Comme du feu, de l'eau, des éléments; en somme,
Où tout est pondéré; dont rien impunément
Ne pourrait être en moins, sans que fatalement
L'équilibre rompu des effets et des causes,
Ne le fît s'effondrer, l'édifice des choses!
Donc, l'homme est immortel ! ce qu'il possède en lui
Ne s'anéantit pas ; un constant *aujourd'hui*
Domine ses *hier* et ses *demain* ; son âme,
Rayon pris au foyer de l'éternelle flamme,
Ne s'éteint pas ; elle a *Dieu* pour la maintenir !
Dieu, c'est-à-dire, tout ! le présent, l'avenir,

Le passé, *Dieu*, la loi, *Dieu*, la force des choses !
Dieu, le rayon du ciel, *Dieu*, le parfum des roses !

L'HOMME (l'interrompant).

Mais la matière meurt !

LA MORT.

      Non, non, grâce à l'esprit,
Ce condiment divin, d'elle rien ne périt !
Le corps paraît tomber, mais l'esprit le relève.

L'HOMME (indiquant la tombe).

Une pierre le couvre !

LA MORT.

      Une main la soulève,
Et mêlée aux lueurs vivantes d'un flambeau,
Une céleste voix réveille le tombeau !.,.

L'HOMME (rêveur.)

Une voix ?...

LA MORT (tendrement).

Tes douleurs sont par elle apaisées!

L'HOMME.

Oui!... Quelquefois, souvent, je livre à mes pensées
L'infini, l'inconnu, l'invisible!... Une voix
Bienfaisante, alors, vient me révéler les lois
D'un monde surhumain?....

LA MORT

Et cette voix, qu'est-elle?

L'HOMME.

Je l'ignore!... Pourtant, je l'entends qui m'appelle,
Et je l'écoute avec un doux ravissement!
En dépit de mes sens, j'apprends d'elle comment,
Quoique le *relatif* seul soit ce que voit l'homme,
Il doit à l'*absolu* toujours aspirer, comme
Le ruisseau, la rivière et le fleuve, en suivant
Leur cours, vont à la mer!.,. Mon âme en s'élevant
De plus en plus, perçoit l'immensité des choses,
Leurs transformations et leurs métamorphoses!

Je ne définis pas ces énormes pourquoi
Dont ma raison ne peut analyser la loi ;
Je ne les comprends pas ; mais, que sais-je ?...
[peut-être ?...
Et la voix continue !... Elle me dit que naître
C'est commencer le bien pour aboutir au mieux ;
Que dans nos doux berceaux, agents mystérieux !
Nous trouvons un espoir triomphant pour nos tom-
[bes !
Que de ces lieux d'épreuve, obscures catacombes,
Où s'épure la vie, un jour nous sortirons
Pour gravir des sommets rayonnants ; que nos fronts
Y recevront le sceau d'une autre destinée !...

(S'interrompant avec terreur).

... Mais, la matière, hélas ! au néant enchaînée !...
Ne me trompes-tu pas, brillante vision ?

(Avec désespoir).

Triste erreur !... Oui le corps en dissolution,
Reste à la terre, au ver, dont il est la pâture !
... Rien de plus !...

LA MORT

Quoi ! déjà la plainte, le murmure ?
Homme oublieux !... Ainsi la révélation
Qui te charmait hier... n'est qu'une illusion
Et le sombre néant reprend, dans ta pensée,
Son droit au désespoir et sa place insensée !

L'HOMME (avec emportement).

Le néant ? le néant ?... Cruelle..., mais en toi
Que pourrais-je donc voir qui ne soit pas sa loi ?
La mort n'est-elle pas la nuit et le silence ?

LA MORT.

Non !... Jette donc les yeux sur l'univers immense
Vois,... La vie est partout !... En dépit de mon nom,
Interroge, et toujours on te répondra ; Non !
Non, la mort n'est qu'un mot et tu la calomnies ?
A-t-elle donc perdu ses douces euphonies,
La terre ! (*alma mater*) ! « Le silence et la nuit
» Sont ce qui fait la mort ! » Homme ingrat, m'as-
[tu dit !

Ecoute, écoute donc les voix de la nature :
Là le souffle du vent, et plus loin le murmure
Du ruisseau, du zéphire ; ici les flots amers
S'entrechoquent !... Ailleurs, la forêt d'arbres verts
S'agite et reproduit les bruits de la tempête !
Tout rayonne, s'émeut, et la vie est complète ;
L'oiseau chante, la fleur émaille le gazon,
L'automne, le printemps, l'été, chaque saison
A sa beauté !... L'hiver, sous son manteau de givre
De glace et de frimas, paraissant ne pas vivre,
Malgré le froid linceul qui le couvre aujourd'hui,
Sent bondir les ardeurs qui bouillonnent en lui !
Car il vit, cet hiver auquel on me compare,
Il vit... avec amour !... Son flanc rêveur prépare
Tout un monde de fleurs pour le printemps vermeil
Les moissons, qu'en été mûrira le soleil,
Pour l'automne les fruits !... dans ton âme saisie
Ne la répand-il pas, sa grande poésie ?
Les arbres dépouillés de feuilles, n'ont-il pas,
Après les arbres verts, leurs austères appas ;

La neige, ce tapis argenté qui remplace
Les fleurs et les moissons ; le lac, plaine de glace
Immobile, où naguère ondoyaient les flots verts,
Manquent-ils d'idéal ? Et par ses doux concerts
D'oiseaux, le gai printemps a-t-il plus d'éloquence
Que notre hiver, dans son majestueux silence ?
   (Avec ironie).

Non !... Et tu le sais bien, que la vie est partout,
Que partout, un volcan à l'état latent, bout ;
Que rien ne meurt, pas plus l'esprit que la matière!
   (Victorieusement).

Et c'est moi qui, pour toi, viens jeter la lumière
Sur ces grands horizons de l'homme ?...

   L'HOMME (avec effusion)

         Oh, je te crois !
Tu me parles, ainsi que me parlait la voix !
Oui !... Mais l'*esprit*, qu'est-il ? la *matière* qu'est-
           [elle ?

   LA MORT

La *matière* et l'*esprit* ?... Question éternelle !

Problème qu'à jamais l'homme se posera
Sans pouvoir le résoudre ; et qui toujours sera
L'inconnu, l'incompris pour son intelligence.
Tu veux pourtant savoir de lui ce que je pense ;
Tu consultes la nuit à propos du rayon !
Ecoute !... L'univers, c'est l'intime union
De tout ! *matière*, *esprit*, sont mêlés dans l'espace,
Mais un ordre parfait y tient tout à sa place ;
Car la logique en est la règle !... Tout y vit,
Rien n'y meurt !... Le néant, je te l'ai déjà dit,
Est, du vaste univers, l'antithèse constante !
Un souffle permanent que l'on te représente
Comme étant *Dieu* ! (*Dieu* donc) ! anime tour-à-tour
L'homme et les animaux ! Il met en eux l'amour,
C'est-à-dire la loi qui conserve et propage !
(Cette loi, c'est la vie incessante) ! — Au nuage
Elle donne le vent ! — La sève au végétal,
Un équilibre exact à l'astre, au minéral,
Et l'onde trouve, en elle, une pente assurée
Pour couler ! — Des hauteurs de l'immense Empyrée,

Le soleil immobile, autour de lui répand
La clarté, la chaleur, principe fécondant,
Foyer conservateur des corps, de la matière
Qui, sans lui, périraient et deviendraient poussière !
L'homme, de cet ensemble est le faîte; il a seul
La liberté d'agir en dehors du linceul
Que la nature impose à tout ce qu'elle enfante :
L'animal n'en a pas l'allure triomphante;
Un cercle étroit l'entoure et limite ses pas;
Le végétal, au sol rivé ne se meut pas ;
Seul l'homme *veut* et *peut*!... de là la différence
Entre ce qui végète et vit, et ce qui pense ;
De là l'*âme* ou l'*instinct*; mais en somme l'*esprit*,
Ce grand condensateur, gràces auquel tout vit,
Car sa source immortelle est l'union des choses
Autrement dit : *Dieu* ?

L'HOMME.

Mais de ces métamorphoses
De l'univers, dont l'homme est le brillant sommet
De la loi par laquelle il naît, meurt et renaît,

De cette liberté, son apanage auguste,
Pourra-t-il résulter le bonheur pour le juste ?
Le méchant sera-t-il logiquement puni ?
Les distinguera-t-on mêlés à l'infini ?
De leur identité quelle sera la preuve ?
La voix me le disait ! « Les tombes, lieux d'épreuve ! »
Quand nous en sortirons, quel sera notre sort ?
Par l'orage battus, atteindrons-nous le port ?
Dieu séparera-t-il le bon grain de l'ivraie ?

LA MORT (avec foi)

De ce problème obscur, pour que rien ne t'effraie,
Espère et crois !... D'ailleurs, sans te préoccuper
Des systèmes divers qui pourraient te tromper !
Aime !... Du mot amour, naît la vérité même !
Et quand aura pour toi sonné l'heure suprême,
Quand je t'apparaîtrai, sans crainte, réponds-moi :
« Le beau fut mon principe et le grand fut ma foi !
» Vers le juste et le bon, je n'ai cessé de tendre !
» En moi, la voix du bien s'est toujours fait entendre,

» Et j'ai haï le mal, j'ai trouvé dans l'honneur
» Mes aspirations de joie et de bonheur !
» J'ai vécu sans avoir jamais noirci ma vie
» D'ombres et de remords ; des tourments de l'envie
» Je n'ai jamais souffert, et j'ai beaucoup aimé ! »
Tu n'en mourras pas moins, alors ; mais, animé
Par un souffle nouveau, tu sentiras ton âme
Renaître et rayonner d'une nouvelle flamme !
Tu grandiras !... Le ciel découvrira pour toi
De nouvelles splendeurs ! L'inévitable loi
Du *mieux* après le *bien*, du jour après l'aurore
Sera ta loi ! Grandi, tu grandiras encore !
Et distançant tous ceux qui moins heureux que toi,
N'ont pas eu ton amour, ton espoir et ta foi,
Tu les précéderas dans la voie infinie
Qu'ils prendront tous enfin ; car la *Mort c'est la Vie* !

(La Mort s'éloigne. — L'Homme tend les bras vers elle).

18 septembre 1875.

A CHARLES BOUCHET

UN JOURNAL A SES ABONNÉS

I

1er janvier 1875

Le Moniteur d'Issoire à ses lecteurs, merci !

Il est bien entendu que ses chères lectrices
Dans ses remerciements, sont comprises aussi,
Et qu'il se souvient trop des aimables complices
Dont l'appui bienveillant l'a tant encouragé,

Pour ne pas (honni soit, messieurs, qui mal y pense)
A tous autres amis, avant d'avoir songé,
Les mettre au premier rang dans sa reconnaissance!

Donc, mesdames, à vous, grand merci dèsl'abord !
Notre feuille se met sous votre patronage ;
Ce que vous voulez bien protéger, devient fort !
Vous avez fait beaucoup, vous ferez davantage
(Nous l'espérons, du moins), pour... votre *Moniteur*,
Qui, né d'hier, demain sortira de ses langes
Et, petit, grandira, grâces à la faveur
Dont vous entourerez son berceau, divins anges!

Trop galant, dira-t-on, mais nous connaissons tous
Issoire et les beaux yeux de ses femmes charmantes,
Dont l'esprit et le cœur seraient, conquis par nous,
De nos succès futurs, les causes triomphantes!
Trop ? non ! un *trop* quelconque en dépassant le vrai
Pourrait, ami fatal, dissuader de croire ;
Ce que l'on décrit bien n'a rien d'exagéré ;

Un compliment banal est toujours dérisoire !
Nous ne voudrions pas, qu'à propos de ces vers,
Madame G... dont nous admirons tous l'image,
Pût nous blâmer, un jour, en des termes amers
D'avoir défiguré son ravissant visage !

Sur ce, continuons et généralisons !

Oui, bien chers abonnés ; tous, en somme vous êtes
Nos coopérateurs ; ce que nous poursuivons
Est un but élevé ; l'une de ces conquêtes
Qui, de l'esprit humain, facilitent l'essor,
Ouvrent un horizon plus large à la pensée,
Aux immondes métaux, savent opposer l'or,
Et d'un pur idéal, sentinelle avancée,
Disent: arrière ! un *mal* pour accueillir le *bien*
Préconisent le *grand* pour accuser *l'infâme*,
Stigmatisent le vice et ne concédent rien,
A ce qui peut salir ou déshonorer l'âme !
Programme ambitieux ! n'est-ce pas ; avons-nous

Pour le réaliser, des plumes exercées?
A leur défaut, mon Dieu! ne sommes-nous pas tous
Pour le *bon* et le *beau*! quand de nobles pensées
Font palpiter le cœur ; surgit-il pas toujours
Des mots, encor des mots ! tout prêts à les traduire,
Et toujours, par la *foi*, cette âme du discours
La main n'a-t-elle pas qu'à se laisser conduire?
Or, nous avons la *foi!* donc, voulant, nous pourrons
Assurer l'avenir du *Moniteur d'Issoire*,

Journal tout neuf encor; mais nous lui préparons,
Mesdames et Messieurs, de longs jours, une histoire
Où vos petits neveux pourront, avec amour,
Trouver un *fait divers* charmant, une *chronique*
Intéressante ; un mot piquant et plein *d'humour*,
Par-ci, par-là, des vers ; mais, pas de politique !
Car, chers amis lecteurs ; nous ne voulons qu'unir
Sur le terrain commun, de l'art pur, de l'annonce,
Et le parquet dut-il ne pas nous avertir
Officiellement ; notre feuille renonce,
Très-volontairement à se mêler au bruit

Que font les grands journaux blindés ; engins de
[guerre
Très pesamment armés et qu'un arsenal suit !
Nous nous contenterons d'une plume légère
Taillée avec esprit, et sans haine et sans fiel,
Nous nous en servirons, sans faire de blessure,
Pour chercher l'*Idéal*, ce mélange éternel ;
Synthèse du divin : *Les arts et la nature !*

Un mot, et j'ai fini !

              Pardonnez, chers lecteurs,
Les vers par trop nombreux, dont votre patience
A sans doute souffert ! Les plus humbles rimeurs
Abusent ! Ayez donc pour eux de l'indulgence !
Il s'agit, en effet, cas exceptionnel !
Ici d'un *Moniteur* jeune encore et dont l'âge
A grand besoin d'appui ; donc, mon vers fraternel
A cru devoir bien haut lui répéter : courage !
Courage ! L'avenir est à toi ; car tu vis !
Depuis au moins six mois, le *Moniteur d'Issoire*

S'est affirmé; déjà le coin dans l'arbre est mis !
A plus tard, à bientôt ! N'est-ce pas ? La victoire !
De l'auteur de ces vers, c'est le plus cher désir.
Acceptez ses souhaits ! Ils sont, sous ses doigts
Une fleur de regrets, à l'an qui va finir,   [née
Une fleur d'espérance, à la nouvelle année !

21 décembre 1874

II

1ᵉʳ janvier 1876

Nos vers de l'an dernier ont eu l'insigne honneur,
Il nous en est, du moins, parvenu l'assurance
De vous plaire ! merci pour cette bonne chance !

Nos vers de cette année auront-ils ce bonheur
Et seront-ils du goût de nos lecteurs fidèles ?
Nous conserveront-ils leur appui, leur concours ?

Mon Dieu ! le *Moniteur* n'a-t-il pas fait toujours

Son devoir ? N'a-t-il pas : *choses officielles,*
(Ennuyeuses partant, dont nous ne pouvons, mais!)
Avis officieux, romans, cours de la rente ,
Annonces, prix courants, anecdote plaisante
(A ses heures) des vers, *Incidents du Palais,*
Conférences, théâtre , illustré ses colonnes
De tout ce qui pouvait, mêlant le grave au doux,
Charmer l'esprit, former le cœur, être pour tous
Les intérêts réels des choses, des personnes,
Un sage conseiller ? Toute bonne action
En lui, n'a-t-elle pas trouvé sa récompense
Dans la publicité qui répand la semence
Du *bon*, du *beau* , du *grand*, par l'émulation ?

Vous n'avez, certes, pas oublié le programme
Dont une main amie, à l'an dernier, posé
L'idéal ; avons-nous, messieurs, réalisé,
Ce que vous écrivait avec toute son âme
L'auteur des vers, à vous, ici même adressés?
Oui! car notre succès, aujourd'hui, hors de doute,

De ce petit journal, débarrassant la route,
De tout hasard, nos vœux sont enfin exaucés !

A vous, à vous, merci !
                      Le temps impitoyable
Emporte tout ; sa main creuse l'oubli, souvent !
Ce qui paraissait fort est brisé par le vent,
Et ce qui rayonnait est recouvert de sable ;
Mais, à propos de vous, à qui tant nous devons,
L'oubli n'est qu'un vain mot, le vent n'est qu'un
                              [zéphire
Soufflant pour caresser et jamais pour détruire ;
Mais, vous avez été si gracieux, si bons,
Que toujours et toujours, votre chère mémoire,
Au cœur nous restera ; nous n'oublierons jamais
Vos générosités charmantes, vos bienfaits !

Grâces à vous, messieurs, le *Moniteur d'Issoire*
A vécu, prospéré, prouvé sa volonté
De bien faire ; et que la fortune est moins rebelle

Qu'on ne le dit, à ceux qui ne comptent sur elle
Qu'au moyen du travail et de la probité !

Un an vient de finir ! une nouvelle année
Le remplace aujourd'hui ! puisse-t-elle, pour vous,
Être heureuse !
    Le tems est un maître jaloux !
Il tient l'humanité trop longtemps enchaînée
A la douleur; sa faux frappe dans l'ombre ; un jour
C'est par la mort qu'elle a raison de l'espérance ;
Elle tue aussi bien l'âge mûr que l'enfance,
Ne respecte pas plus l'amitié que l'amour,
Et plonge dans le deuil les époux et les pères !
Un autre jour, c'est par la ruine ; fatal
Coup, qu'elle abat l'heureux jusqu'alors; pas un mal
Dont on soit à l'abri ; pas de larmes amères
Que l'on n'ait vu couler des yeux !
       Sombre tableau !
Ne redoutez pourtant pas qu'il se réalise ;
Pour l'écarter de vous, faut-il qu'on vous le dise ?

Il existe un moyen !

    Tout abonné nouveau
(Y compris les anciens) aura par sa quittance
Droit au bonheur !

     Son fils, studieux écolier,
Avec quatre *optime*, deviendra bachelier ;
Sa fille bravera la périlleuse chance
Qu'offre le mariage, et ne prendra jamais
Qu'un excellent mari ;

     Son épouse fidèle
Sera l'ange dont rien ne pourra ternir l'aile ;
Enfin, il restera l'un des heureux parfaits !

Notaire, le client désertera l'étude
… Du voisin, et n'aura que lui pour confident;
Avocat, il plaira toujours au *président* ;
Avoué, des plaideurs, l'ardente multitude,
Au Palais le suivra ;

    Médecin en renom,
Pas un malade qui, *fiévreux*, *paralytique*,

Variolé, goutteux, anèmique, hydropique,
Ainsi qu'un nom sauveur ne prononce son nom !

Ses champs seront toujours respectés par la *Couze*
Et l'*Allier* ne sera jamais fatal pour eux ;
Ses blés seront pesants et ses vins généreux ;
Pour lui plaire, *Bacchus*, avec sa blonde épouse
Cérès, n'aura jamais aucun dissentiment ;
Sa maison ne sera jamais incendiée ;
Sa vie, un vrai bonheur, intimement liée,
Sans oscillations, coulera doucement ;
Oui, tout sera, pour lui, facile, sans encombre,
Egal, et comme si le mal n'existait pas ;
Une fleur éclora sous chacun de ses pas,
Il marchera guidé par des rayons sans nombre !

Illusion? non pas ! Rêve ? non, moins encor !
Ayez souvent, en main le *Moniteur d'Issoire*,
Et ce que vous traitez, peut-être d'illusoire,
Se réalisera !

Vous aurez l'âge d'or !

Et cela dit, veuillez agréer l'assurance
De tous les sentiments que nous avons pour vous,
O nos chers abonnés ! déjà si bons pour nous
Et qui tant méritez notre reconnaissance !

31 décembre 1875.

Madame DELAUNAY-BLANCHARD

—

PROLOGUE D'OUVERTURE

Dit au Théâtre de Clermont le 1ᵉʳ octobre 1876

—

Mesdames et Messieurs,
                       Un mot de politesse ;
Ce devoir, à l'égard des autres et de soi,
(Devoir d'autant plus strict que l'artiste s'adresse
Au public de Clermont), m'est une douce loi !

J'aurais pu m'abstenir de prendre la parole,
Débuter simplement et, préalablement,

Ne rien vous exprimer en dehors de mon rôle ;
J'ai préféré causer avec vous un moment,

Vous dire que Clermont, cette ville charmante,
Nous plait à tous, que tous ferons de notre mieux
Pour obtenir de vous la preuve convaincante
D'un sympathique acceuil; que nous serons heureux

De voir, sans vide aucun, les stalles et les loges,
Aux balcons, affluer de nombreux abonnés,
Et que nous trouverons dignes de tous éloges
Ce bienveillant concours... sans en être étonnés !

Que nous contemplerons, ravis, l'amphithéâtre
Encombré, chaque soir, de fervents spectateurs,
De femmes aux doux yeux, donnant à ce théâtre
Le merveilleux aspect d'une oasis en fleurs !

Venez, messieurs, venez, mesdames; en échange
Nous vous promettons, nous, de toujours vous
[charmer

Car, nous avons tout prêt, artistique mélange,
Si quelqu'un résistait, de quoi le désarmer !

Le vers ?... aura, par nous, le culte qu'il mérite ;
Le poëte prendra, sans nuire au prosateur,
Dans notre répertoire, une place d'élite :
La prose c'est la tête, et le vers c'est le cœur !

La musique ?.,. mon Dieu ! L'hiver est trop austère
Pour sa muse, à Clermont, sans doute, cependant,
Le printemps vous rendra de courtoise manière...
... Aux roses !,.. l'opéra comique !... en attendant

Ne désespérez pas, vous aurez l'opérette,
Diminutif du mot, dont la chose n'est pas
Diminuée autant, qu'à tort on le répète,
Les œuvres de ce nom ont aussi leurs appas !

La prose ? Elle sera la prose du grand drame ;
Non pas celle du *truc* banal et vieux *Melo*...

Mais la forme de l'œuvre allant tout droit à l'âme...
... Ne commençons-nous pas par du *Victor Hugo* (1)?

Après le battement du cœur, le doux sourire ;
Après la larme émue, un rayon de gaieté ;
La Comédie (2) aura son tour, et l'art d'écrire
Ici, par de grands noms, sera représenté !

Nous n'exclurons, enfin, ni la bouffonnerie,
(Rire homériquement est, parfois, un besoin !)
Ni l'exhibition fantasque, la féerie,
Mais de bon goût, toujours, et montée avec soin !

Mesdames et Messieurs, nous ferons pour vous
[plaire,
Soyez-en convaincus, tout ce que nous pourrons ;
L'artiste est un soldat vaillant, qui fuit la guerre,
Et, les muses aidant,... grâce à vous, nous vain-
[crons.

(1) Marie Tudor.
(2) Le Gendre de M. Poirier.

L'art a son idéal jaloux, dont la conquête
Est rude ; nous avons, pour le réaliser,
Cet idéal, la foi !... notre phalange est prête,
Et, d'audace, au combat pourra rivaliser !

Je ne vous dirai pas que n'ayant pas encore
De nos... coadjuteurs, pu juger le talent,
Vous devez les juger tous parfaits, ... Dès l'aurore
Non, je me méfierais d'un pareil sentiment ;

Mais, ce dont je réponds, c'est de la conscience
Qu'ils mettront à remplir, devant vous, leur devoir,
De leur amour de l'art, dont ils ont la science,
De leur ferme désir de ne jamais déchoir !

Et j'ajouterai, moi, pour finir, que j'espère
(Sans dédaigner l'argent !) le précieux honneur
D'avoir été, pour vous, le fondateur d'une ère...
... Datant de... *Delaunay*... votre humble serviteur !

    22 septembre 1876

E. DELAUNAY

Directeur du Théâtre de Clermont

A MOLIÈRE

155ᵉ Anniversaire de sa naissance

Vers dits au Théâtre de Clermont, le 18 janvier 1877

O grand comédien ! ô Molière ! ô mon maître !
Toi, dont le buste est là, de nos cœurs entouré !
Poëte ! à pareil jour le ciel te faisait naître,
Et ce beau jour nous est un jour trois fois sacré !

Quinze janvier ! Jamais plus magnifique aurore !
Aux amis du grand art, jamais chiffre plus doux !
Date sainte ! à Clermont, nous te fêtons encore,
Ton souvenir, ici, nous donne rendez-vous !

Groupés avec respect autour de cette image,
Nous disons à celui qu'elle montre à nos yeux :
Homme, à toi notre amour ; maître, à toi notre
[hommage !
Les descendants sont fiers devant leurs grands
[aïeux !

La France consolée et calme se rappelle !
Son cœur bat, aujourd'hui, d'un autre battement !
Elle semble oublier sa blessure cruelle,
Pour ne penser qu'à toi, son grand rayonnement !

A toi, qui d'une plume acérée et charmante,
A, de l'esprit humain, combattu les travers,
A ta raison, traduite en prose étincelante ;
A la couleur, au trait, un piquant de ton vers !

A tout ce que contient ton œuvre humanitaire,
Aux masques arrachés du front des imposteurs,
Aux vices fustigés, au conseil salutaire
Qu'elle donne, en riant, pour châtier les mœurs!

A tes créations bouffonnes ou puissantes;
A ton *Elmire*, à ton *Scapin*, à ton *Purgon*,
A ton *Diaphoirus*, à tes *Femmes savantes*,
A ton *Alceste*, à ton *Tartufe*, à ton *Orgon* !

A ce que notre scène est, par toi, devenue,
Au cœur humain, scalpé, par toi, virilement,
Aux vivats qu'à ton nom, la foule continue
A pousser, tous les soirs, avec enivrement !

O poëte! et tu n'a pas seulement la gloire
D'avoir été, d'un art, presque le créateur !
Nous sommes tes enfants, nous, et notre mémoire
Garde pieusement, pour toi, celle du cœur !

Grand homme de génie, artiste incomparable,
Tu ne dédaignas pas de te mêler à nous ;
Acteur ?... oui, tu le fus, et souvent misérable,
Notre sort eût l'honneur de te paraître doux !

Tu fus, en même temps, le brillant interprète
De ce que ton esprit écrivit ou rima ;
Et sans rien séparer de l'acteur, du poëte,
Un public, en extase et ravi, t'acclama.

Et tu vécus ainsi, répandant la lumière,
Corrigeant les abus, par tes lazzis vainqueurs ;
Le grand Paris t'aimait, la province était fière
Quand tu la visitais avec tes... bâteleurs !

Et tu laissais partout des lambeaux de ta gloire,
Le meuble où tu t'assis est un meuble sacré ;
Pezenas a, sur toi, sa légendaire histoire,
Ton *Barbier* s'y conquit un renom assuré !

Les courtisans blessés, *Tartufe* et son cortége,
De tous les faux dévots, stigmatisés par toi,
Se plaignirent ; *Louis* te fit offrir un siége,
Le grand poëte fut le convive du *Roi* !

Poëte ? Oui... ton génie est à l'abri du doute ;
Autour de nous, malgré ce qui tombe, il grandit ;
Mais, le poëte prit, pour compagnon de route,
L'artiste et, côte à côte, ils firent ce qu'il fit !

Ensemble ils ont lutté ! la mauvaise fortune,
Les succès, les revers, les sifflets, les bravos ;
De tout ce qu'on ressent quand la vie est commune,
De tout ce qu'on éprouve, ils furent les héros !

Un soir, enfin, *Argan* étant le personnage,
Que pour ton dernier jour tu t'étais réservé !
Parvenu, de ton œuvre, à la dernière page,
Tu mourus en soldat, au combat enlevé !

Sur ton noble tréteau, tu tombas en athlète
Qui, par sa gloire immense, échappe au coup mor-
Ce coup éternisait en toi le grand poëte, [tel ;
Le prêtre du grand art expirait sur l'autel !

Mais, ton cadavre avait besoin d'une avanie,
Pour idéaliser ton esprit et ton cœur ;
Tartufe le guettait ; sa haine inassouvie,
D'un terrain consacré lui refusait l'honneur !

O grand comédien ! ô Molière ! ô mon maître !
Toi, dont le buste est là, de nos cœurs entourés ;
Poëte ! à pareil jour le ciel te faisait naître,
Et ce beau jour nous est un jour trois fois sacré !

1ᵉʳ janvier 1875.

A Madame Th. B***

A propos d'un n° 7

Hier je parcourais cette rue où, madame !
Je viens me réchauffer et l'esprit et le cœur ;
J'étais sombre, ennuyé, pour calmer ma douleur,
J'y laissais, en passant, la moitié de mon âme ;

Aujourd'hui, je transmets sa seconde moitié
A Paris, où vous suit ma fidèle amitié

Pour vous et pour celui que j'aime comme un
Mais peut-on se fier à ces divorces-là ?   [frère,
Non ! mon âme a deux parts distinctes, et voilà
Que ces vers à vos pieds vous l'apportent entière !

Mai 1875.

A Madame Louise de C***

A propos du 25 Août 1876

Madame et chère amie,
             En dépit du congrès
Dont le *meli melo* compromet la mémoire,
Je me souviens d'un jour, pourtant, et veuillez
                                      [croire
Que ma muse et mon cœur à le fêter sont prêts !
Vingt-cinq août ! Saint Louis ! vous comprenez
                                   [sans peine

Que ce chiffre et ce jour, pour moi, sont une veine
De sentiments bien... doux, quoique respectueux !
Vous me permettrez donc de vous dire les vœux
Que je forme pour vous ; et, s'il est vrai, madame,
Que vous pensez de moi, qu'avec sincérité
Je parle , que j'écris en toute liberté,
Et qu'en tout et partout j'aime la vérité !..,
... A vous ces pauvres vers, rimés avec mon âme !

24 aout 1876.

A Madame D. B***

Applaudissement

Madame,

En vous j'admire et l'artiste et la femme,
L'une pour son talent, l'autre pour son grand cœur;
Qui, plus que vous, résume un ensemble enchan-
Vous êtes un esprit et vous êtes une âme ! [teur?

Quelle que soit, d'ailleurs, sa forme ; que le *drame*
Par vous, excite en nous la pitié, la terreur,
Que vous disiez le vers dont le rhythme vainqueur,
Langage surhumain, nous berce ou nous enflamme?

Que vous interprétiez avec un goût parfait,
Legouvé, Georges Sand, Augier, Dumas, Musset,
Que ce soit de la prose ou de la poésie ;

L'art est toujours pour vous le moyen triomphant
De nous montrer le *beau*, de nous prouver le *grand*
Et de nourrir ainsi notre âme d'ambroisie.

Novembre 1876.

A HIPPOLYTE DELAGENESTE

GLORIFICATION DE L'ART

JOCO SERIA

Lettre à Mme Marie FAVART (de la Comédie Française)

Lue à la Société d'émulation de l'Allier

Le 2 Février 1877

AVANT LECTURE

Le sympathique accueil que j'ai, en 1875, reçu de la Société d'Émulation de l'Allier, m'encourage à y faire, cette année encore, une lecture.

A *Travers Rues* était un travail spécial à ma bien chère ville de Moulins!

J'avais, par lui, essayé d'en photographier l'aspect et de traduire, à son endroit, mes sentimentales impressions.

Les vers que je vais avoir l'honneur de lire

devant vous, ont un autre caractère ; le sujet traité en implique pourtant, toujours, pour objectif, ma gracieuse ville dont l'ensemble artistique inspire au cœur et à l'esprit de ses habitants, de si fécondes et charmantes aspirations.

J'ai, par ma lettre rimée, adressée à *Marie Favart* de la Comédie-Française, et dédiée à mon excellent ami *Hippolyte Delageneste*, tâché de formuler mon admiration pour l'art, et de faire, en sa faveur, une propagande trop... *idéale*, peut-être ! mais, connaissons-nous bien les limites du progrès ? Les améliorations successives du cœur humain, l'*excelsior* permanent auquel il est soumis et sa marche incessante en avant, ne seraient-ils pas de nature à faire naître les généreuses utopies d'un état de choses si excellent qu'il en deviendrait presque excessif ?

Tout illusoire que puisse paraître la réalisation de mon utopie;

Quelque rêvé que soit mon programme, je me permettrai pourtant de l'exposer ici.

Ma *Glorification de l'art*, pourrait par ses développements froisser certaines susceptibilités; mais, qu'elles se rassurent et ne veuillent bien y voir qu'une théorie sérieuse au fond, revêtue d'une forme légère; un mélange de *plaisant* et de *sévère* que son sous-titre *Joco seria*, justifie pleinement, à mon avis.

Ce petit poëme m'est arrivé sous la plume dans les circonstances qu'il est convenable d'expliquer.

En août 1875, *Marie Favart* étant allé donner une représentation à Clermont, je me permis de lui faire hommage des vers suivants, du reste, fort bien accueillis par elle!

A MARIE FAVART

De la Comédie-Française

» Donc, vous nous arrivez ; soyez la bienvenue !
» Vous, l'incarnation rayonnante de l'art,
» Et dont la poésie est la sœur, ô Favart !
» Vous venez nous charmer, grâce vous soit rendue!
» Je ne suis qu'un poète obscur ; pauvre rimeur ;
» Le *beau*, le *grand* me vont cependant droit au
[cœur,
» Et les ayant trouvés en vous, je me rappelle
» Votre âme, votre voix, combien vous êtes belle !
» Précieux souvenir que je me fais l'honneur
» De fixer dans ces vers, indignes de vous plaire,

» Peut-être ! leur auteur, pourtant, en vous, espère
» Car, la main qui pourrait, légitimement fière,
» La laisser se flétrir et mourir solitaire,
» Daigne parfois cueillir la plus modeste fleur ! »

Insérés dans l'une de nos feuilles clermontoises, ces vers furent accompagnés de ceux qui suivent :

AU LECTEUR

» Jadis, quand pénétrait le *Roy* dans une ville,
» Le monde officiel allait le recevoir ;
» Il lui disait en prose élégante et facile
» Ses jubilations, son bonheur, son espoir,
» ... Et mettait à ses pieds son plus servile hom-
[mage !
» *Favart* nous arrivant, pour suivre cet usage,
» J'ai, de quatorze vers fait un petit discours

» Très-consciencieux et franc, comme toujours ;
» (Car, la servilité ne va pas à ma plume !)
» Offert, conformément à l'ancienne coutume ;
» Ces vers, bien cher lecteur, ont été mis, par moi,
» Respectueusement, ainsi qu'à ceux d'un *Roy*,
» Aux pieds, non moins royaux de leur destina-
[taire,
» Auront-ils aujourd'hui le bonheur de vous plaire?
» *Favart* les a reçus très-gracieusement ;
» Ami, j'espère en vous pour un accueil semblable,
» Elle et vous êtes rois, et de façon aimable,
Comme elle, veuillez bien, pour eux être char-
[mant ! »

En octobre, enfin, ma pensée s'étant dirigée vers la grande artiste, j'eus l'honneur de lui écrire la lettre rimée suivante :

A Marie Favart

De la Comédie Française

Mademoiselle !
              Hier j'ai senti ma pensée
S'envoler vers Paris ! Il m'eût été bien doux
De l'y suivre, sachant, surtout, qu'auprès de vous
La voyageuse irait ! vous aurais-je offensée
En prenant ce chemin... (aérien ; non pas !
Je ne suis pas assez abstrait, je vous assure);
Mais le chemin... de fer qui, plus dans ma nature,
A Paris, sùrement, aurait conduit mes pas ?

Non ! non ! d'ici je vois un geste plein de grâce ;
J'entendre un très-charmant « entrez, monsieur ! »
[Eh bien !
Ne pouvant pas, hélas ! rompre le dur lien
Qui me retient captif ; ma muse me remplace...
... (Ma muse, autrement dit, ma pensée !)... Et voilà
Ce qui fait qu'aujourd'hui, la rapide hirondelle,
De Clermont à Paris, faisant à tire-d'aile
Le trajet, près de vous, pour vous surprendre, ira !
Ira ?... Non !... à l'instant l'indiscrète est allée
Et se présente à vous, un peu confuse ; car,
De soi l'on paraît sûr, au moment du départ ;
Mais en est-il ainsi, toujours, à l'arrivée ?
Le voyage fatigue, et puis souvent on a
Dans le cœur, dans l'esprit, mille charmantes
[choses
Qui, devant deux beaux yeux, prennent des airs
[moroses
Ma pensée est timide ; elle se troublera !
Oh ! d'un doux mot, veuillez lui rendre l'assurance !

La connaissant... un peu, vous ne voudriez pas
Faire que son espoir devienne un triste hélas !
De l'hôtel *Raynaldy* (1) vous avez souvenance,
Et les quatorze vers (2) que je me suis permis
De vous rimer, n'ont pas eu la chance honteuse
D'avoir été, par vous, de façon dédaigneuse,
Jetés aux résidus et dans le panier mis !
Vous vous les rappelez, n'est-ce pas, je l'espère ;
Sans les placer bien haut ; ne contiennent-ils pas
Au moins l'intention ; et, dans ce dernier cas,
Bien constaté par vous, ont-ils pu vous déplaire ?

Je vous y parlais d'art ;... sans adulation ;
J'y disais qu'au théâtre (et nul ne le conteste !)
Grâce à votre regard, votre voix, votre geste,
L'art pur trouvait, en vous, son incarnation !

L'art, c'est-à-dire tout ce qui rehausse l'homme,
L'art, l'*alpha* triomphant et l'*oméga* vainqueur !

(1) Où était descendue Mme Favart.
(2) Les précédents.

L'art qui du cœur humain est l'investigateur,
Le miroir vrai, la clef, et sans lequel, en somme,
La pauvre humanité manquerait du rayon
Qui, sur elle jetant sa féconde lumière,
L'initiant au bon, au grand, devient l'austère
Conseiller de l'esprit et de la passion !
L'art, immense levier qui soulève le monde,
Et par son idéal, cet objectif divin,
Transforme, rend meilleur; lui de moins, c'est en vain
Que l'avenir attend ; jamais rien ne s'y fonde !

Il me vient sous la plume, à propos de cet art,
Mon fanatisme ardent, une étrange hypothèse...
Et dont certains... douteurs médiraient à leur aise;
Mais que je maintiens, moi !

      Supposons, ô Favart !
Qu'un jour (et ce jour est plus prochain qu'on ne
           [pense!)
L'homme, comprenant *bien* son *devoir* et son *droit*,
N'ait plus à recourir, pour les défendre, au *droit*!

Ce répertoire obscur d'une obscure science !
Plus d'avocat ! *Ipso facto*, de magistrat
Enherminé, toqué, trônant dans un prétoire ;
Plus de robe écarlate et plus de robe noire,
Plus d'huissier..., de bourreau ; donc, plus de
[scélérat,
... (Cette suppression serait tout bénéfice !)

Supposons qu'arrêtant leur belliqueuse humeur,
Les nations, ayant un moins faux point d'honneur,
Pour toujours et toujours, renoncent au caprice
D'entourer de lauriers le front de tel ou tel
Assassin... glorieux, dont la main souveraine
A... daigné, dans le sang, noyer la race humaine !

Supposons qu'à jamais cet affreux criminel,
Qu'on nomme un conquérant, disparaisse du monde;
A bas canons, à bas fusils, plus d'arsenaux !
A bas plumets ! soldats, caporaux, maréchaux,
Sont éconduits ; la guerre est devenue immonde !

Supposons que soustrait au cas embarrassant

De conscience, il ait enfin trouvé, lui-même,
L'homme, la règle sûre et le moyen suprême
De s'imprégner de juste, et de saint et de grand ;
Plus de clergés ! (honni soit qui du mot mal pense!)
Pourquoi des confesseurs, si les âmes n'ont plus
A se purifier ? rouages superflus
Dont le maintien serait, pour elles, une offense !

Donc, l'équité régnant, plus de justiciers
A gages ; si la paix protège nos frontières,
A quoi bon le soldat aux allures guerrières,
… Et qui ne défend rien ? Enfin, si pour lier
Ou délier, le prêtre est inutile ; en somme
Pourquoi ce parasite ? Est-il à conserver,
Le sauveur ne devant, désormais, rien sauver ?

Non !… Mais ce dont jamais ne se passera l'homme,
C'est l'art, et l'art toujours ! Tout, d'ailleurs, crou-
[lerait !
Tous les improductifs, par la force des choses,

Disparaîtraient pareils à des effets sans causes,
Que l'art seul, parmi nous vainqueur, persisterait,
Et cela d'autant plus qu'en de plus pures âmes,
Ayant à propager de plus en plus le *beau*,
Il en serait de lui comme d'un grand flambeau
Qui, d'un plus grand foyer, entretiendrait la flamme.

Donc, l'art partout ! donc, l'art toujours, donc l'art
[encor !
Sans lui, répétons-le, tout deviendrait morose !
C'est lui qui fait tomber l'épine de la rose,
C'est lui qui convertit tout métal vil en or !

Je vous demande un peu ! Pâlir sur la chicane,
Quant on a l'*Opéra* pour guide et les *Français*
Pour conseillers ; rester assez grave et... niais,
Pour choisir ce qui rampe au lieu de ce qui plane !
Préférer le fusil au pinceau ; le mortier,
Aveugle engin de mort, à ce qui fait la vie ;
Dédaigner les beaux vers, que dans l'âme ravie,

Infiltre saintement un carré de papier !
Dire de l'*idéal* qu'il n'est qu'une chimère,
Glorifier le fait quel qu'il soit, juste ou non !
A la pensée auguste opposer le canon,
Et quand paraît le *beau*, lui fulminer : *arrière* !
Le tout, habilement, de lois enguirlandé,
Présenté de façon conservatrice et grave,
Paraissant être plus un essor qu'une entrave ;
De codes, par lesquels, au lieu d'être guidé,
Le sens du *juste* perd si grandement sa route,
Que du mélange épais de tous les arrêtés,
Décrets et règlements imposés ou votés,
Sort une vérité dont tout le monde doute...
... pour l'exploiter, surtout, à son profit !
                                                L'art seul,
Par ses grands *fiat lux* et sa liberté vraie,
Pourrait, en froment pur, transformer toute ivraie;
Rédimer l'avenir, découdre son linceul,
Elever le niveau commun ; mettre des ailes
A tout ce qui marchait ; donner à la beauté

Un droit certain dont rien ne serait excepté,
Et sur le genre humain, semer des étincelles,
Qui deviendraient, plus tard, un immense soleil !
Oui, l'art pourrait cela !... Donc, vive l'art, ce père
De tout progrès !... et quand mon hypothèse chère
Se réalisera ; quand, après son réveil,
L'homme nouveau, pouvant affirmer sa victoire,
Jettera, dédaigneux, ses regards au passé ;
Quand il verra de haut, pêle-mêle entassé,
L'équivoque et l'erreur ; des pages de l'histoire
Il soustraira les noms de ceux qui n'ont vécu
Que pour réglementer, décréter et conclure...
... Du faux..., au faux, souvent ! d'une immense
[rature,
Biffant tous les... héros : le vainqueur, le vaincu,
Ces *ex æquo* du sang, ces *ex æquo* du crime,
Les hommes d'ombre ! ceux qui tortueusement
Furent le bras qui tue et la bouche qui ment,
Érigeant un palais sur quelqu'auguste cime,
Il conservera seul, dans ce temple de l'art,

Les grands musiciens, les peintres, les poëtes,
Les grands artistes qui furent les interprètes
De l'idéal du beau !
    Vous en serez, *Favart* !
Et j'ai fini !
    Veuillez excuser cette lettre
Bien longue, hélas ! pourtant ne les lirez vous pas,
Mes vers ; bons ou mauvais ? dans l'un ou l'autre
              [cas,
J'ai, de vous les offrir, cru pouvoir me permettre
... En faveur du motif !
     J'implore mon pardon ;
Ne me maudissez pas ; ayez de l'indulgence !
Et croyez pour toujours à la reconnaissance
Diva !... du vieux rimeur appelé :

         CHALMETON.

EDMOND DELAUNAY

Joint à une Couronne

A notre Delaunay, dont le cœur et ta tête
Tout ensoleillés d'art, rayonnent à la fois !
A toi, l'artiste aimé, le public clermontois
Par ces fleurs, aujourd'hui, consacre ta conquête !

25 Janvier 1877.

A DEUX FUTURS

A propos du beau jour qui se lève pour vous,
Un *quatrain* pouvait-il suffire à ma pensée?
Ne l'eût-il pas un peu... beaucoup trop condensée;
Quoi! quatre méchants vers! quoi! deux vers par
[époux?
M'auraient-ils bien laissé l'espace nécessaire
Pour dire que vos yeux sont deux rayons, ô *Claire*!
(Dont je connais déjà le ravissant portrait!)
Et vous, *Julien*, en qui, tête et cœur, tout me plaît!
Comment vous enserrer dans un simple distique?
Oui, ce jour radieux m'imposait un *treizain* ;
Et ne frémissez pas à ce chiffre... malsain,
Dit-on; par *Treize* Etats, le peuple américain
N'a-t-il pas commencé sa grande République?

27 Février 1877.

A PROPOS DU 20 JUIN 1877

Le cœur, comme l'histoire, a ses dates fécondes;
Le chiffre a sa puissance... occulte; mais, j'y crois!
N'est-ce pas le vingt juin qui fit échec aux rois?
Ne sera-ce pas lui dont les traces profondes,
En moi, perpétueront un souvenir charmant?
Ne me dirai-je pas avec ravissement,
Qu'un couple, ce jour-là, m'est apparu splendide,
Que j'ai prié pour lui, de ma paupière humide,
Que, d'attendrissement, sont tombés quelques pleurs,
... A quoi bon? sais-je pas que le bonheur, sur *elle*,
Répandra ses trésors et déploiera son aile;
A quoi bon la prière et la larme cruelle?
Pourquoi traiter la joie, ainsi que les douleurs?

19 juin 1877.

A Mademoiselle Emma N***

Envoi de deux Fleurs

I.

Puisque tout est en vous ; que votre œil étincelle
De purs rayons ; que vous séduisez par un tour
D'esprit d'où la bonté ne proscrit pas l'*humour*,
Que vous avez le trait, que votre voix est belle !

Puisque vous les aimez, les fleurs, mademoiselle,
Qui vous aiment aussi d'un fraternel amour,
Et que tout sentiment est payé de retour,
La fleur suivra, vers vous, sa pente naturelle !

Donc, à vous, celle-ci ! modeste souvenir,
Quide moi vous fera, j'espère, souvenir,
Et que vous voudrez bien accueillir avec grâce ;

En supplément, des vers, un sonnet, dont l'auteur,
De le rimer pour vous, en se faisant l'honneur,
Rêvait, dans votre cœur, une petite place !

II.

Une seconde fleur bientôt vous parviendra !
Je ne la connais pas ; mais, je suis sûr d'avance
Que, quelle qu'elle soit, devant la concurrence
Dont vous l'accablerez, elle s'effacera !

Avec ces vers, pourtant, quelqu'un vous l'offrira ;
Veuillez la rassurer par votre bienveillance ;
La fleurette vaut bien un sourire, je pense ;
De votre doux regard elle se souviendra ;

Et j'espérerai, moi, que par moi désignée
Pour vous plaire un instant, la pauvre résignée,
D'un indulgent accueil aura du moins l'honneur,

Et que se présentant à vous, sous son emblême,
C'est votre serviteur, dont votre grâce extrême
Voudra bien enchanter et les yeux et le cœur !

26 Mai 1877.

A Mademoiselle Amélie P*

A propos d'un portrait

J'ai rompu le cachet, votre idéale image
M'a mis un charme aux yeux, un battement au cœur!
De votre souvenir (merci pour cet honneur !)
Que je conserverai pieusement ce gage !
Que souvent j'ouvrirai mon album, pour jeter
Sur vos traits ravissants, dont je viens d'augmenter
De mes biens chers absents, la sainte galerie,
Un regard attendri ! Mais, croyez, je vous prie,
Que ce portrait, manquant à ma collection,
Je n'en aurais pas moins gardé la souvenance,
De votre voix, de vos beaux yeux, de l'élégance
Dont vous vous imprégnez, et de la bienveillance
Qui me fait un peu croire à votre affection !

4 Juin 1877.

Madame Hippolyte MEUNIER

DE LA BEAUTÉ

Poésie lue à la Société du Musée de Riom

Le 24 février 1877

AVANT LECTURE

Messieurs et chers Confrères,

J'ai eu, il y a déjà presqu'un an, l'honneur de lire à cette place quelques vers sur *la Vérité*.

Encouragé par votre bienveillance extrême, je vais me permettre de vous entretenir, un instant, aujourd'hui, de la *Beauté*.

Je remercie d'autant plus notre sympathique Président d'avoir bien voulu me comprendre dans l'ordre du jour de cette séance, que jamais auditoire ne m'a paru plus en rapport avec le sujet à traiter.

La Beauté n'est-elle pas, ici, absolument chez elle ?

Où trouverait-on plus au complet que dans cette enceinte ce qui satisfait également l'esprit et les yeux !

Pour ma part, Messieurs, le cœur m'y bat plus largement qu'ailleurs, je vous le jure !

De la Beauté, donc !

Employons-la toujours comme moyen d'abord de diriger les âmes et de donner, ensuite, aux corps, ces viriles ampleurs, ces résistances superbes, ces résolutions stoïques, capables d'en faire, si la comparaison m'était permise, de solides fourreaux, assez robustes pour ne pas s'user au contact des épées (âmes ardentes) qu'ils sont destinés à contenir !

Tel est, Messieurs et chers Confrères, le sujet de ce travail, spécialement fait pour la Société du Musée de Riom, à qui il revenait, d'ailleurs, de droit !

Puisse-t-il avoir la bonne fortune de lui plaire ?

Je l'ai dédié à une femme de tête et de cœur, à l'amie de Mesdames veuves Edgar Quinet et Michelet, à Madame Hippolyte Meunier, que j'ai eu l'honneur de rencontrer, l'an dernier, à Clermont, à propos du Congrès pour l'avancement des Sciences.

Cette femme d'élite voudra bien trouver, je l'espère, dans cette dédicace, une preuve de ma respectueuse estime et de ma profonde sympathie !   L. C.

DE LA BEAUTÉ

I

Ton nom vient aujourd'hui faire vibrer ma lyre,
O beauté ! plus que toi qui pourrait m'inspirer !
N'as-tu pas le pouvoir de tout faire admirer,
Et d'exciter, en nous, un généreux délire ?
Qui vivrait, si n'était ton céleste aliment?
Notre cœur aurait-il jamais un battement ?
Si tu n'éclairais pas, où serait la lumière ?
Oui, je t'aime, ô beauté ! toi, la féconde mère
De toute passion virile ! oui ! oui, c'est toi,
Qui les fait resplendir, les hommes et les choses ;
Un sourire est, par toi, mis sur les fronts moroses,

Tu donnes la couleur et le parfum aux roses ;
La beauté vient du ciel ; j'en fais donc une loi !

II

Du beau partout! du beau toujours ! du beau sans
[cesse !
La beauté, par les yeux, va sûrement au cœur ;
L'homme est transfiguré par son rayon vainqueur,
Ce qu'elle met en lui de force le redresse,
Et le beau seul est vrai ! Si donc l'humanité
Pouvait, un jour maudit, dédaigner la beauté,
La vérité serait, pour elle, lettre morte ;
Elle irait vaguement et n'aurait pour escorte
Que l'erreur, le mensonge et les préjugés vains ;
Son idéal, voilé par des ombres fatales,
Prendrait pour objectif les choses bestiales ;
Pas de réveils dorés, pas d'aubes matinales,
Vers le *juste* et le *bon*, pas de retours sereins !

III.

Pas de progrès ! Jouir serait le but suprême ;

Pas un *sursum corda* ne pourrait délier
L'âme humaine, accroupie ainsi qu'en un fumier
Dans le fait quel qu'il fut ; vivant sur elle-même
Et ne suivant jamais qu'un banal errement ;
Sceptique, à tout ce qui grandit, indifférent,
Coupant l'aile, toujours, pour élargir la patte,
Ne préférant jamais que la surface plate,
Lui, qui par le sommet devrait être attiré ;
Tel serait l'homme, hélas ! à la beauté rebelle ;
Il tarirait en lui toute source nouvelle,
N'aurait, pour s'éclairer, jamais une étincelle
Et vivrait, d'une nuit relative, entouré !

IV

Animal plus parfait, de façon moutonnière,
Il paîtrait sans jamais rêver de l'avenir ;
Privé d'illusions, n'ayant qu'un seul désir,
Satisfaire les goûts abjects de la matière ;
Dans le bouge, où couvert d'ombre, il végéterait ;
Jamais un mot d'amour humain ; tout se tairait !

Seule, sa face, en lui contesterait la brute,
Son habitation semblerait une hutte,
Son vêtement grossier, fait sans goût et sans art,
N'aurait qu'un but : couvrir un corps presque sor-
[dide
Ses yeux éteints, de son esprit montrant le vide,
Ne contempleraient rien ; la nature splendide
Ne pourrait même pas exciter son regard !

V

O douleur ! et ce type inconscient existe !
Cet homme, on le rencontre ; ils sont, hélas ! nom-
[breux,
Ces êtres incomplets, n'entendant rien en eux
Qui leur dise : C'est beau ! dont la tête résiste
Aux aspirations du cœur ; qui, froidement,
Repoussent les ardeurs de tout entraînement !
Eunuques de l'esprit, foyers vides de flamme,
N'ayant que du dédain pour les choses de l'âme,
Et par qui l'idéal est toujours méprisé !

L'idéal ! ce creuset où le beau se prépare
A rayonner ! et dont un monde nous sépare ;
Mais qui prouve bientôt au *vrai* qui s'en empare,
Que le réel n'est qu'un *rêve* réalisé !

VI.

Eh bien, oui ! cet état de choses est funeste,
Il atrophie, il fait déchoir l'esprit humain ;
Si le banal pouvait parler en souverain,
Si le *laid* régentait, nain difforme, d'un geste
Il épouvanterait tout ce qui doit grandir,
Riverait au passé le présent, l'avenir,
Eteindrait le flambeau pour ne laisser que l'ombre,
Et l'homme ne serait, hélas ! qu'un être sombre,
N'ayant rien de commun avec l'humanité !
Il faut donc réagir par le *beau* ; l'heure coule,
Le goût de la laideur pourrait gagner la foule,
Et le flot monterait ; il deviendrait la houle
Si, *quo ego* vainqueur, nous n'avions la beauté !

VII.

Par elle, propageons, pour le cœur et pour l'âme,
Un moyen triomphant de résurrection ;
Accoutumons l'esprit à l'admiration,
Dans tous les cœurs faisons qu'en rayonne la
[flamme !
A tous, appliquons-la ; que l'œil toujours charmé,
Jamais, par la laideur, ne puisse être alarmé ;
Donnons au monument de correctes allures,
Développons le goût par des formes plus pures,
Embellissons la ligne en la poétisant ;
Le beau plastique est plus utile qu'on ne pense,
A toutes ses splendeurs habituons l'enfance,
L'âge mur bénira sa féconde influence,
La vieillesse sera moins sombre, en finissant !

VIII.

La beauté ! la beauté ! mettons sous sa tutelle
Ce que, tous, nous avons de souvenirs pieux ;
On le respecte moins, ce qui déplait aux yeux ;

Mais, voyez le passant quand une chose est belle ;
Il s'incline !.., Inspirons le besoin instinctif
De tout sauvegarder ; grâce au préservatif
Qu'on appelle le *beau* ; faisons que toute chose,
Depuis l'infime objet, le brin d'herbe, la rose,
Jusqu'à, de nos cités, le superbe ornement,
Brave l'insulte et soit à l'abri de l'outrage ;
L'homme sait conserver ; à tout il rend hommage,
De tout, sans abuser de rien, il fait usage
Et traite la beauté religieusement !

IX.

Eclairons, azurons, ensoleillons la vie !
Faisons que le berceau soit un doux oreiller ;
Que la tombe où la mort nous force à sommeiller,
Ne nous paraisse pas de tant d'ombre suivie ;
De fleurs et d'air, partout, une profusion ;
Rien qui n'ait sa couleur, son éclat, son rayon ;
Décorons avec art nos villes embellies ;
Que par rien de suspect elles ne soient salies,

Aimons pieusement, la sainte propreté.
Qui, des autres vertus, est la source et la mère !
Grandissons le métal, anoblissons la pierre,
Et communiquons-lui, notre âme, à la matière,
Pour que, ravis, nos sens s'imprégnent de *Beauté*!

X.

Excelsior ! Plus haut toujours ! plus haut encore !
Ouvrons à notre esprit un plus large horizon ;
L'insecte ailé sort bien vainqueur de sa prison,
Le progrès est bien l'œuf que le *beau* fait éclore!
Oh ! ne craignons jamais de trop nous élever !
Ne nous défions pas de ce qui fait rêver ;
Montons, montons jusqu'à nous donner le vertige,
Suave impression d'extase qui dirige
L'homme par l'idéal, sur un sommet si pur,
Qu'enchaînée au bas fond, aujourd'hui, sa pensée
Ne pourrait entrevoir, sans paraître insensée
Les magiques splendeurs, par qui serait bercée
Son âme, en se mêlant, demain, à son azur !

XI.

Et pour se maintenir à ce niveau, cette âme
A besoin de planer ; des ailes donc, toujours
Des ailes ; soutenons, pour le beau, ses amours ;
De cet ardent foyer, conservons lui la flamme ;
La chose où l'on met l'art a déjà sa beauté ;
Mais, l'art écrit, mais l'art parlé, mais l'art chanté!
Mais ce puissant levier du cœur, la poésie !
Oh ! répandons à flots cette sainte ambroisie !
Par elle combattons tous les instincts pervers ;
Qu'il rayonne partout, cet idéal qui change
Le *laid* en *beau*, le *mal* en *bien*, et l'homme en
                                                [ange !
Qui nous ouvre le ciel et nous cache la fange !...
... Oh ! partout des torrents de musique et de vers!

XII.

Emancipons par la parole et par le livre ;
L'une c'est la pensée ailée, un son vainqueur,
Invisible ; mais qui, pourtant, va droit au cœur ;

La parole conquiert, elle émeut, elle enivre !
L'autre est moins entraînant, il démontre, il décrit,
S'infiltre lentement dans le cœur, dans l'esprit ;
Et les pénètre ainsi que la goutte d'eau pure,
Pénètre le rocher ; mais, sa victoire est sûre !
Evangelisons donc, émouvons, conquérons ;
Les cœurs et les esprits, saturons-les d'ivresse !
Un auditoire est là, qu'une chaire s'y dresse,
Des lecteurs sont ici ; mettons avec tendresse
Le livre entre leurs mains ; instruisons, démon-
                                    [trons !

XIII

Aux livres, aux discours, ajoutons le théâtre,
Laboratoire saint, bienfaisant appareil !
Où l'idéal humain, ce rayon de soleil,
Est condensé ; faisons qu'une foule idolâtre
S'y presse tous les soirs pour admirer le *beau* ;
Des nobles passions agitons le flambeau
Et complétons ainsi la lecture et la chaire !
Le théâtre est vivant, c'est un porte. lumière

Qui, séduisant et vrai, peut seul, par l'action,
Eclairer les côtés mystérieux de l'âme ;
Il fait sourire, il fait tressaillir, il enflamme,
Et, par son pathétique ou son bouffon, le *drame*
Prouve le *beau*, le *grand* est sa conclusion !

XIV

Oui, le théâtre prouve, il conclut, il rend l'homme
Meilleur ; il agrandit son cœur et sa raison !
Le spectateur y fait une comparaison
Qui pousse à la beauté ; car, si le *laid*, en somme,
Au *beau* juxtà posé, ne reste pas vainqueur,
Si le vice est puni, si la place d'honneur
Est, à la fin de l'œuvre, à la vertu donnée;
Si, par un séducteur, la femme abandonnée,
Qui de son déshonneur repousse les affronts,
A force de remords refait son innocence,
Et dans son repentir, trouvant sa récompense,
Est réhabilitée ?... une clameur immense
Confirme ce verdict et met la joie aux fronts !

XV

Salutaire leçon, doux et moral exemple !
Serait-il sourd, le peuple, à votre enseignement ?
Pures émotions, qu'il les goûte souvent !
Vu sous ce rapport-là, le théâtre est un temple
Où le prêtre (l'artiste !) officie, escorté
De ses deux assesseurs : la *bonté*, la *beauté*,
Par lui, sont prononcés en grands mots de *justice*,
D'*amour*, de *dévouement*, de *foi*, de *sacrifice*,
Mots dits par le discours, que le livre contient
A l'état seulement de vertus proposées ;
Mais, le théâtre a, lui, sur la scène exposées,
Le pouvoir de donner aux plus grandes pensées
Un corps, que l'action dramatise et soutient !

XVI

Facilitons-en donc l'accès ; que chacun aille
Religieusement s'y réchauffer le cœur ;
Propageons-en le goût ; que dans ce lieu vainqueur

L'homme puisse trouver un plaisir à sa taille !
Que la prose et le vers combinent leurs trésors
Pour lui charmer l'esprit ; par ses divins accords,
Que la musique enfin, cet aliment de l'âme,
Vaguement le ravisse, et l'exalte et l'enflamme !
La musique ! cet art presque surnaturel,
Qui, sans rien démontrer, rien prouver, rien dé-
[crire,
Tout simplement avec les cordes de la lyre,
Excite des transports allant jusqu'au délire !
Et, par son harmonie, est la langue du ciel !

XVII

Exposons des tableaux, érigeons des statues ;
Au profit des vivants glorifions les morts ;
Utilisons les noms de ceux qui furent forts,
De nos chères cités, illustrons-en les rues ;
Pour provoquer en nous des admirations,
Mettons leurs grands portraits dans nos collections ;

Ouvrons à deux battants les portes d'un musée
Saint panthéon où l'art transmet à la pensée
Par la forme, tantôt, tantôt par l'idéal,
L'amour du *bon*, l'amour du *grand*, l'amour du
[*juste*
Allons, un jour, rêver sur les lignes d'un buste,
Un autre, contemplons, de quelqu'aïeul auguste,
Les yeux fascinateurs et le front magistral !

XVIII

Combattons, refoulons les bassesses humaines ;
A l'ombre qui s'élève, opposons le rayon ;
Quand l'erreur se produit, comme diversion,
D'austères vérités accourons les mains pleines !
Où que nous la trouvions, effaçons la laideur;
Autour d'elle traçons par cercle proscripteur ;
Oublions tous qu'un jour notre regard morose,
Hélas ! a pu tomber sur quelque laide chose !
A l'homme refaisons une virilité ;

Il lui faut le bras fort, il lui faut l'âme fière,
Pour lui faire un esprit, un cœur, un caractère,
En lui, jetons à flots ta féconde lumière,
Et que ton rège arrive, immortelle *Beauté* !

Janvier 1877.

TABLE

	Pages
Dédicace	7
Veritas	9
Madame veuve Edgard Quinet à l'auteur	27
A travers champs	29
A propos du 20 Janvier 1876	31
Souvenir	33
A propos d'une menace	35
Au Clair de la Lune	37
Sonnet	39
Regret	41
Logique des Choses	43
Confidence	82
A propos du 25 Août 1875	83
A propos d'une Etoile non aperçue	85
Proposition de Voyage	86
A la France !	90
A Quidam	93
1835-1875 — Souvenir	96
Applaudissement	98
Pensée	101
Seconde Pensée	103

TABLE

	Pages
Applaudissement.	105
A Travers Rues.	107
A propos d'un Tableau de Psyché	123
Réponse.	125
Premier Sonnet d'un Ami.	127
Réponse	129
Deuxième Sonnet d'un Ami.	131
Réponse.	133
Le Puy de Dôme en 1875.	135
Au Public.	153
La Mort, c'est la Vie.	157
Un Journal à ses Abonnés. { I. — 1er janvier 1875.	177
{ II. — 1er janvier 1876.	183
Prologue d'ouverture.	190
A Molière !	195
A propos d'un N° 7.	201
A propos du 25 Août 1876.	203
Applaudissement.	205
Glorification de l'Art. — Joco seria.	207
Joint à une Couronne.	225
A deux Futurs.	226
A propos du 20 juin 1877.	227
Envoi de deux Fleurs..	228
A propos d'un Portrait.	230
De la Beauté.	231

Clermont-Ferrand, Typ. A. Vigot.

CLERMONT-Fd, TYP. A. VIGOT, RUE DE LA TREILLE. 14.

www.ingramcontent.com/pod-product-compliance
Lightning Source LLC
Chambersburg PA
CBHW070646170426
43200CB00010B/2138